非凡出版

U0061818

張俊獅博士　著

貼地經濟學

當理論背離現狀時的避險課

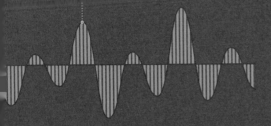

★ 推薦序一

我與張老師認識良久，今次受他邀請為他的新書作序，非常欣喜。在和張老師的交往中，發覺他的研究興趣非常廣泛。每次我經過香港回到國內開會，都會安排大家見面歡聚一下。每次和他見面，他都可以對不同的領域娓娓而談，內容包括經濟、金融、國際關係、深層政治等等，甚至包括超自然現象、風水、命理。他對每個領域都有深入研究，一聊可以幾個小時，可以說是一個百科全書式的學者。

而且他也非常熱衷討論及分享他的知識。他以前在我的群組中就是非常健談的，經常和其他群友熱烈討論。

今次他寫的這本書，視角取材非常獨特。書的內容就是藉由揭示政府的政策，以及其背後的經濟理論和邏輯，發掘出很多不合理的地方。他對其論點提供了大量證據，再通過嚴謹的思維，進行相關論證和推理。

書中提到的很多這些理論錯誤，在表面上是互相獨立的，但是通過張老師將這些點連結起來，讀者便可以瞭解整件事情的背後真相。將這些貌似獨立的點通過詳細的分析研究，將它們有機地結合起來，再以立體的面貌呈現給讀者，是這本書的獨到之處。而且還連結上他一直延續研究西方精英組織的這個方向，因此內容非常獨特，令人耳目一新。

整本書提供了大量資訊，因此時效性極強。我認為這是非常有價值並且可讀性很強的一本書，可以作為課外經濟金融類的科普讀物，增進學生對經濟金融方面，甚至是國際關係的知識。研讀這本書，讀者可以更能理解經濟學，金融學及國際關係背後的真相。

在此祝願他的新作一紙風行，洛陽紙貴。

Tony Fang 方濤
紐芬蘭紀念大學人文社會科學學院
Stephen Jarislowsky 文化與經濟轉型講座教授
中國留美經濟學會前會長

　　應邀對《貼地經濟學——當理論背離現狀時的避險課》撰寫序。我的觀點是真實的經濟非常複雜，因此，認識經濟難免有錯誤，但是，要避免被人為地誤導。

　　為了更好地管理經濟，經濟學家發明了許多經濟理論。他們通過簡化、抽象化和建模，將複雜的現象進行簡化，把牽一髮而動全身的整體性、系統性問題分解為局部或階段性的問題，並通過這些理論進行解釋。這種方式使經濟理論得以廣泛傳播。然而，在這個過程中，也喪失了許多約束條件。這導致普遍的理論和現實狀況經常背離。這正是張俊獅教授在《貼地經濟學——當理論背離現狀時的避險課》這本書中的主題。

　　張教授在書中不僅指出了這些背離，還揭示了其中一些令人不安的動機。經濟學理論之間常常存在競爭性甚至相互矛盾的情況，這給了理論傳道者選擇的自由和空間。因此，經濟學教科書中呈現出各種不同的流派和觀點。在眾多有意或無意的因素中，張教授特別指出了一些教科書有意識的誤導。這些誤導往往通過片面的理論和觀點呈現給學生，如果學生缺乏質疑能力，很容易被這些片面的教科書所誤導。

　　張教授通過生動具體的案例，展示了常見的錯誤認識和誤區。根據他揭示的現象，我們每個人都應該時刻記住人類對世界和經濟現象的認識總是有限的，因此，我們需要不斷學習前人的經驗。不過，學習的同時也要保持批判性思維，避免「學而不思則罔」的情況。在學習過程中，要保留辯證能力，勇於質疑權威。這不僅適用於學生，也適用於廣大公眾。

《貼地經濟學——當理論背離現狀時的避險課》這本書的一個重要貢獻在於，它不僅僅是對經濟理論的反思，更是對我們認知過程的反思。張教授提醒讀者，「盡信書不如無書」，不要盲目相信教科書，要常常反思和檢驗自己的認知。在國家、社會和個人層面，都要維護正當利益，避免被片面的理論和觀點所誤導。

　　通過深刻的分析和豐富的案例，張教授向我們展示了經濟學的複雜性以及常見理論的局限性。《貼地經濟學——當理論背離現狀時的避險課》不僅揭示了經濟學教科書中常見的誤導，還教會了我們如何在學習和應用這些理論時保持批判性思維和獨立判斷力。

施訓鵬

悉尼科技大學澳中關係研究院 教授

國際能源轉型學會理事長

前澳大利亞中國經濟研究學會會長

尋真有共性　剖析容易明

　　張俊獅教授的專業是經濟學，我的是生物化學。還托賴我年事虛長，一生中確實也囫圇吞棗了不少其他雜學。但是，我始終認為張曹兩家所造的學問迥異：一家是生命科學、另一家卻是生活實用學，不輕易跨科而盡得其神髓！因此，這短序我要繞過、不談經濟。

　　不過，這一絲兒沒削減我對張教授作品的思維邏輯、分析能力給出高度的讚賞。我有幸和張教授在求知、求真的做學問工夫上，習慣（和態度）都同出一轍！嚴謹、揭誤、糾錯是我們的一貫作風！

　　九七前，無線和亞視兩個電視台的我的粉絲把我捧為「打假權威」。有我在，所謂特異功能、魑魅魍魎和外星人無所遁形。我創立了科普協會、科學異像研究組和科學尋真隊，將「科學」從學術的殿堂裏請出社會，為大眾「破除迷信」、避過誤導。我以理服人，全球首度以「核磁共振的標準樣本」去證偽（踢爆）騙子的所謂「氣功能改構任何化學分子」的奇談（騙術）。

經濟學是多變量的社會科學，且說法多樣、學派紛陳，研究者尋真不易。而張教授能搜羅案例、講解舉證此影響國計民生之大學識，貼地摸根，實在是當今社會思幻迷離中一份難得的醒腦貢獻。

曹宏威

原第九、十、十一屆全國人大代表

前中文大學生化系專聘教授

香港特區博物館專家顧問

英國皇家化學會院士

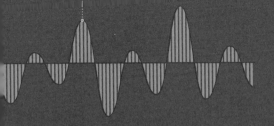

★推薦序四

　　非常高興為 James 張俊獅教授剛剛完成的書《貼地經濟學——當理論背離現狀時的避險課》寫一篇序。

　　我與 James 認識多年，是很好的朋友，一直和他開展學術研究，一起合作撰寫學術論文。因此，對他的學術興趣和專長我是熟悉的。他特別擅長編程及分析，尤其是對一般均衡模型有深入的研究。近年來，他一直在關注和探討機器學習等最新方法論問題，運用這些方法分析經濟及金融問題。

　　這是第一次讀到他的科普性通俗讀物。他希望寫一本書獻給年輕讀者，讓他們理解經濟運行，以及經濟發展與國際政治的關係。為此，他儘量用輕鬆的文筆去描述現實背景，並解釋複雜的經濟問題。總體上來說，整本書的視角新穎獨特，內容也非常翔實有趣。

　　面對愈來愈不穩定的國際大環境，經濟體之間的摩擦愈來愈多。在此重大背景下，教學和科研人員一項非常迫切的工作，就是去培養學生的批判性思維方式。James 的這本書通過分析世界各國不同的經濟狀況，彌補了教科書中的理論不足之處。同時，他通過大量案例，和讀者分享了很多另類知識。

　　如何按照實際情況去完善目前的經濟理論，將其優化，再與各國的國情緊密結合，然後制定相關的經濟政策，這應該是學術界未來研究的重點。因此，這本書雖然是通俗讀物，而不是學術書籍，但是他的觀點角度，可以為未來的研究提供很好的思路。

總之，James 從人們所熟悉的背景和日常知識出發，通過深入淺出的輕鬆筆法，審視當今經濟理論的缺陷，這對青年人來說，不單在知識的層面，而且在批判性思維的訓練方面，應該是大有裨益。

　　為此，我誠意推薦本書給青年朋友。閱讀本書，你會對經濟學有更深的理解，並對經濟運行產生更多自己的想法和思路。

　　是為序。

萬廣華
復旦大學世界經濟研究所 所長暨教授
前亞洲開發銀行研究院主任、聯合國高級經濟學家

承蒙張俊獅教授的邀請，給《貼地經濟學》寫序，不勝榮幸！

「貼地」，普通話叫「接地氣」。既然這裏有「接地氣的經濟學」，那麼其他經濟學就可以叫做「空中樓閣經濟學」，或者「象牙塔經濟學」（Ivory Tower Economics）了。巧合的是，「象牙塔」一直是世界各國大學的別稱。由此，把大學裏使用的經濟學教科書，叫做「象牙塔經濟學」，也不為過。

現代「經濟學」的名字，譯自英文 Economics，這個英文名字源於兩個希臘字 eco 和 nomos，前者是家庭（Home）的意思，後者是帳目（Account）的意思。兩者拼湊在一起，就成了 Economics，原指家庭帳目、家庭管理的意思。應該說，「經濟學」的這個初始定義非常接地氣！

然而，經過幾個世紀的變遷，世界經濟、政治無數次的大浪淘沙，今天在象牙塔講台上傳授的經濟學，的確不接地氣，遠離「家庭帳目、家庭管理」的原意。多年以來，「經濟學」成了大學裏商科最難讀的學科，新生避而遠之，很多大學面臨生源困境。為此大學教授們也在努力讓現代經濟學能接地氣、正本清源恢復經濟學的本來面目。張俊獅教授的《貼地經濟學》，是一個很好的嘗試。

張俊獅教授多年執教於國內、國外大學，對象牙塔經濟學有深入的研究和思考。近幾年張教授就職香港，這個連接東、西方文化和經濟的國際都市，切身感受全球經濟的起伏變遷，這些感受、思考很詳細地反映在《貼地經濟學》裏。

　　各位看官讀後《貼地經濟學》，一定會有全新的收穫和想法！

吳延瑞
西澳大學商學院 教授

★ 推薦語

這本書探索了西方主流經濟學的發展和理論上存在的問題。作者通過深入淺出的文筆，不僅使到所有具有中學學歷以上的人都能瞭解西方主流經濟學的基本原理，而且還能學習如何運用批判性思維來審視主流的經濟學流派的謬誤和不足。目前國際政治經濟處於百年不遇的大變局，身處此中的人們更需要瞭解經濟及其背後相關來龍去脈，撥開迷霧保持清醒和理性的判斷。因此我誠意推薦給所有讀經濟學的年輕人和想探索經濟學背後隱藏知識的讀者朋友們。

馮曉明
China and World Economy 編輯

張教授的這本著作，讓我聯想到 Freakonomics。我相信，它對如今身處香港的消費者、投資者及打工仔來說，都是一份深刻的警世箴言。

何敏
大學講師、作者（筆名：艾雲豪）
CFA 持證人、私募股權風格投資人、
上市公司董事、基金投資決策成員

俊獅博士為青年學子說法，剖析部分輿論在分析中國經濟時的「雙標」情況，讀來大快人心。全書深入淺出、有理有據，我誠心推薦。

梁翰
行卯出版社 社長

貼地經濟學──當理論背離現狀時的避險課

James Cheong has taken a subject that is often inaccessible to a layperson and broken it down into easy to understand chunks, while keeping the content very interesting. I highly recommend this book to everyone. Solid effort to make economics accessible to anyone and everyone.

Ian Li 李偉傑
Professor
School of Management and Marketing
Curtin University

我與 James Cheong 認識已有十餘年，一直以來都非常喜歡聽他跟我們說各種現實經濟的故事和大國博弈在學術理論上的體現，非常高興看到他將這些年的思考和認識系統化成文成書，以貼近現實和社科普及的形式，讓更多人可以辯證地對待西方主流經濟學的理論體系。我誠意推薦這本書給廣大對經濟學和國際形勢感興趣的青年朋友們，期待通過這本書，你們能夠更好地瞭解現實世界的運行規律和背後潛藏的邏輯脈絡。

時省
合肥工業大學經濟學院 教授

推薦語

本書以通俗易懂的語言、生動詳實的案例，揭示西方經濟學的「指鹿為馬、顛倒黑白」之處。閱讀本書，恰似與一位睿智老友的對話，驚呼「眾人皆醉」。閱畢本書，更似接受蘇格拉底式「牛虻叮咬」，啟迪對經濟學定式思維的反思。

譚秀傑
武漢大學國際問題研究院 副教授

張博士這本書深入探討了西方主流經濟學理論存在的缺陷和錯誤。作者通過深入淺出的語言，讓讀者不僅能瞭解西方經濟學理論背後的邏輯，以及這些理論對現實的漠視和誤導，還能讓你重新審視經濟世界的多樣性和複雜性。這對於理解中國經濟發展中的重大問題，構建中國特色社會主義政治經濟學理論，大有裨益。因此，我願意將這本書推薦給對經濟學感興趣的讀者朋友。

王臘芳
湖南大學經濟與貿易學院 教授

經濟學被譽為社會科學皇冠上的明珠，是一門解釋經濟現象、剖析經濟問題、發現經濟規律的學問。《貼地經濟學》避開了艱澀難明的數理內容，通過通俗易懂、簡單易明的內容表述，深入淺出地解釋了一系列生澀難懂的經濟學理論和謎團，對於廣大民眾學好、用好經濟學大有裨益。與此同時，這本書還糾正了西方經濟學中部分理論的漏洞和缺陷，更接地氣地闡釋了經濟學基本原理和方法論，在真實世界探尋經濟學魅力。

吳偉平
湖南工商大學經濟與貿易學院 副教授

這本書深入揭露了西方經濟學理論中的種種不足，作者通過詳盡的分析和扎實的研究，揭示了西方如何利用這些偏頗的理論來剝削發展中國家。作者的筆觸通俗易懂，使得即便是具備高中以上學歷的讀者也能輕鬆理解書中的內容。這對於青年讀者尤其有益，因為他們能夠從中瞭解到西方經濟學的真實面貌，並具備批判性思維來審視當前的國際經濟形勢。

俞劍

中央財經大學經濟學院 教授

James 博士的《貼地經濟學——當理論背離現狀時的避險課》一書不但指出了西方主流經濟理論的謬誤之處，更是深入討論了理論實踐偏離背後的原因，引導讀者洞察和思考謬誤背後政治精英和經濟精英的行為動機。整本書資料詳實、邏輯清晰，更難能可貴的是文筆詼諧幽默，似如老友娓娓道來。讀完此書，不僅能夠讓您瞭解經濟學理論和社會現實背離真相後的來龍去脈，更能幫助您跳出經濟理論陷阱做好個人經濟決策。因此，我誠意推薦給所有對經濟學感興趣的年輕人，願他們把此書作為一把鑰匙打開經濟學及其背後隱藏知識大門。

趙國欽

中央財經大學財經研究院 副研究員

推薦語

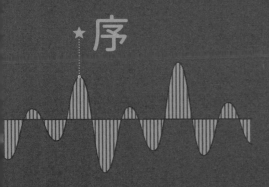

★序

多謝你拿起了這本書。

本書的內容會令你對現實有新的認知。

先問一句,現正拿起這本書的讀者,你認為自己現在清醒嗎?

你可能會對我這樣問覺得很奇怪,因為這段文字正通過你的視神經轉化成信號,再進入你的大腦作出思考及確認,想必你不可能是在睡夢之中吧。

可是你認識的東西裏,有多少是真實的呢?而你在學校吸收的知識,又有多少是正確的呢?

你又有沒有考慮過,世上究竟有多少人一直生活在虛幻之中卻不自知?

本書旨在提供證據給你看,原來你身邊大部分的人都在睡夢之中,還沒有醒來。而我的責任就是希望可通過這本書喚醒你。是否言過其實?等你看完本書後,自有評價。

現今主流經濟學理論的背後其實充滿缺陷,只要肯稍為思索下便能明白;奇怪的是,雖然所有道理都很容易理解,但很多人都未能察覺出來。本書不僅展示經濟學理論有何缺陷,從而讓你在理財及投資上可避免損失,更會詳細解釋為甚麼教科書會故意加插這些漏洞。閱畢本書,讀者們不單會對現今全球經濟狀況有一個全盤認識,更能了解箇中缺陷。再進一步,可以了解這個世界背後的真相。

先旨聲明：真相往往比你看到的現實更離奇古怪！

　　以經濟學為主題的書籍，一直都給人一種內容非常複雜的錯覺，其實經濟學的書可以在寫作過程中完全不牽涉複雜的理論。有見及此，本書務求將經濟學知識用最簡明的方法展示予讀者，定位為一本可供普羅大眾閱讀的通俗讀物；全書在寫作過程中都盡力做到深入淺出，讀者只須擁有正常的中文閱讀能力就可理解，毋須任何基礎經濟知識或精通數學。唯一需要的是一顆求真的心，以及探求真理的勇氣。

　　本書內容將顛覆你的思維。如果準備好了，就跟我踏上旅程吧。

結束旅程後，

你將會開啟知識的第三眼，

能夠以冰冷且清澈如水晶般的視角，

恍如站在高山之巔般，

俯視沉睡的芸芸眾生……

★本書特色

1

避開艱澀難明的學術內容,通過貼地及人性化的語言,向市民大眾解釋一些不為人知的經濟現象。

2

全書的內容務求簡單易明,避免過度冗長的段落,增加讀者閱讀興趣。

3

通過與學生的對談形式,深入淺出地解釋眾多令人疑惑的經濟謎團。

增進讀者對經濟及金融的認識，揭破一直以來被傳媒及學術界隱瞞的經濟真相。

解釋各種社會經濟問題的背後原因，讓你全盤了解自己身邊的經濟事件及國際關係。

增強讀者在作出經濟及理財相關決策時的分析能力。

4　5　6

本書特色

目錄

第一章

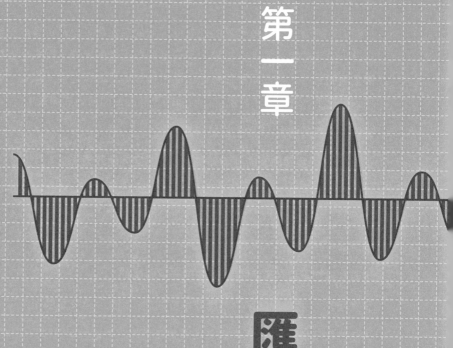

匯率迷思

對天堂的貢獻

一個揭發經濟政策背後黑幕的記者死了。他忽然發覺自己置身於天堂的入口，前面有很多靈魂在排隊。而天使站在天堂的大門，認真地安排每個靈魂的去向。他立即跟在隊伍後面。排隊七日七夜之後，還差一個就輪到自己了，這時他才發現排在前面的是其國家的前經濟部長。

天使問前面這個人：「你生前是幹甚麼的？」

靈魂回答：「我是國家的經濟部長，負責制定外匯政策。」

天使查核資料後說：「很好，你的貢獻很大，可以進入最高級的天堂享受。」

經濟部長非常高興，跟着天使去了。

接着就輪到記者，天使問：「你生前是幹甚麼的？」

記者回答：「我發覺國家的外匯政策有問題，因此我寫文章喚醒群眾。」

天使查核了資料後說：「你寫文章喚醒了世人，讓他們明白真理。你可以進入最低級的天堂享受。」

記者聞言，忿忿不平地投訴：「這不公平啊！我寫文章的目的就是揭露剛剛那個經濟部長的政策錯誤。但他居然可以上最高級的天堂，而我卻要去最低級的？」

天使一臉和藹地回答：「這個當然是公平的，因為我們評估每一個靈魂時，主要是看他們對宗教的貢獻。聽你的人，知道了真相後，就甚麼都不信；聽他的人，每個都活在水深火熱，天天祈禱，全部變了虔誠的教徒。你說，哪個對宗教的貢獻大呢？」

貼地經濟學——當理論背離現狀時的避險課

★ 1.1
外匯市場與我何干？

　　執筆時，筆者正在香港特別行政區兩間大學擔任教職，課程包括不同領域，但都是金融及經濟相關科目，其中多數涉及世界經濟。另外筆者也在多所內地及海外大學擔當研究職務，帶領博士及碩士生進行研究。但無論教甚麼科目，在上第一課時，我多數會談及匯率這個問題，因為外匯市場是一個至關重要的市場。

　　金融市場的體系有很多方面，例如一般投資者耳熟能詳的股票、債券及外匯等各種市場，而香港人最熟悉的相信非股市莫屬了。

　　筆者讀大學時，正值香港經濟蓬勃發展的 1990 年代初，當時就有大學同學去申請政府的學生貸款再拿去炒股票。同學當時鑽研很多投資書籍及報章，比在大學修讀其他科目還加倍用心，努力發奮希望能創業興家，光宗耀祖，畢業後毋須打工；最差的也希望能在股票市場掘到第一桶金，畢業後做些小生意，悠閒舒適地享受一下資產階級的優越生活。惜事與願違，最終很多同學都投資失利，輸光了錢，還得在畢業後慢慢工作償還貸款。這個連學生也被迷得神魂顛倒的股票及金融市場，真的不知道算不算從側面反映金融在香港的重要性。

MPF 與全民皆股

　　由於本港的股票交易活動非常普及，正所謂走在街上一個廣告牌不幸

掉下來，壓到的成年人都是有買股票的。

以上這句話不是說笑，絕對所言不虛，因為香港很多人除了自己買股票外，還得從每月的收入中抽出一部分作為強制性公積金（MPF）。香港政府規定僱員須拿出工資的某個百分比，加上僱主的供款，一起投入退休保障計畫。這計畫不是自願性質，而是 18 歲至 65 歲在香港有工作的人都強制參與。而計畫的所有供款都不能夠任意提取及動用，一般要等到 65 歲退休後才能拿回。為了對抗通脹，MPF 也提供一些投資方案，而僱員可以自行選擇所喜愛的投資組合。從另一個角度看，這個全民參與的計畫即是要求全港僱員每月拿一部分的工資來投資，而因為大多數投資選項都是股票基金，所以總的來說，在香港真是人人皆基金，人人皆股。

香港股票市場的普及性亦反映在娛樂產業之中，很多小說、電視劇集、電影都採用跟股市相關的題材。其中以香港電視廣播有限公司（無綫電視）的劇集《大時代》最膾炙人口，鄭少秋所飾演的「丁蟹」一角更為人津津樂道。其實這個「蟹」字，對香港股民來說是一個非常不吉利的字。很多人知道，「牛市」代表股票市場的升市，「熊市」則代表跌市。那麼蟹又代表甚麼呢？顧名思義，買螃蟹的時候，商販為怕蟹鉗傷人，所以把蟹鉗及蟹腳捆着，讓牠動彈不得。而炒股票時，如果小股民在買完股票後價格大跌，有很多人便不捨得在這時候蝕本賣出；若股價繼續下跌，他們便被迫繼續持股，一天股票不升回他們買入時的價位，便一天不賣掉。這情況下，股民就好像被捆綁的螃蟹一樣動彈不得。這一種跟股票長相廝守的感情，真是地老天荒，無比貞烈，天地也為之動容。中國內地股壇術語稱這狀況為「套牢」，而香港股民則會形容這些一賣便蝕本的股票為「蟹貨」。

順帶一提，鄭少秋自從拍了《大時代》後，有人發覺每次電視台播出由他主演的節目，港股的恒生指數都有不同程度的跌幅，有幾次甚至是大型股災。後來又有人做了統計，發覺原來鄭少秋在 1973 年拍的電視劇，播出後股票市場已經會下跌。在 1973 年及 1987 年，香港都經歷過大型股災，而剛好當時都有他的劇集在電視上播放。1992 年後，每當有

「丁蟹效應」曾獲《紐約時報》及 CNBC 等國際媒體爭相報導。

鄭少秋參與的電視節目播出，股票市場都剛好出現較大的調整。因此，國際金融機構里昂證券曾發表研究報告介紹這個「丁蟹效應」（Ting Hai Effect），連紐約時報[1]，CNBC[2]也有相關報導，故「丁蟹」真的是香港股票分析之奇葩，令香港衝出國際，創金融分析的先河。

這個對香港來說，簡直就是文化輸出的一個成功案例。不單止教曉了外國金融精英，原來香港人看電視也可以用來預測股票走勢，更令外國人對螃蟹有一個全新的認知。

話說回來，在坊間媒體的推波助瀾下，如果你問香港的學生哪一個金融市場最重要，相信大部分人都會回答是股票市場。但其實全球規模最大、最重要的金融市場，是外匯市場（Foreign Exchange Market）才對，一般簡稱為 Forex Market，假如仍嫌名字太長，可以再縮短為 FX Market。至於第二大的金融市場還未輪到股市，是債券市場，股市排在債券市場之後。

外匯市場有何重要性？

為甚麼外匯市場規模最大？我們要明白每一個金融市場都有不同的人參與及使用，而大部分市場的參與者可以簡單地分類為：

一、長線投資者：這些人長時間持有金融資產，他們的想法是持有得愈久，避開中間的波動，到最後沽出時便能賺得愈多。這就是有閒錢不急着用，並且不想增加心臟負荷的人的選擇。

1　　Mullany, G.（2013, April 2). For Hong Kong Markets, Bad Omen in a Movie Premiere. *The New York Times*. https://www.nytimes.com/2013/04/03/business/global/for-hong-kong-markets-bad-omen-in-a-movie-premiere.html

2　　Cheng, E.（2015, April 19). The TV show that makes a stock market drop. CNBC. https://www.cnbc.com/2015/04/17/the-tv-show-that-makes-a-stock-market-drop.html

貼地經濟學 —— 當理論背離現狀時的避險課

二、短線投機者：這些人不願意長期持有金融資產，希望通過短時間內的資產價格波動，低買高賣，用很短的時間賺大錢。簡言之，就是想四兩撥千斤的「賭徒」。這些人承受的壓力山大，心臟負荷能力比一般人強，很少有心臟的毛病。但他們的下場差別非常懸殊。幸運的人，創業興家，名揚四海，夫榮妻貴，賺的錢足夠他們想去哪個國家吃喝玩樂，就去哪個國家；不幸的人，輸到典當褲子，可是也有可能會經常離開香港——因為要遠走他方避債。

三、套戥者：這些人發現同一資產在兩個不同的市場居然有較大價格差別，所以便在一個市場以較低價買進，在另一個市場以較高價賣出，賺取中間差價。但隨着電腦科技發展，這些套利手段基本上已被電腦取代。因此如果你現在還發現有機可乘的話，溫馨提醒一下：請小心，因為很多時只是你看錯了報價才誤以為有錢賺。

四、避險者：這些人主要參與金融衍生工具市場，他們入市不是想賺錢，而是想不再輸錢。這類參與者多數是金融機構，因擔心價格變動，但礙於種種原因不能現在立刻進行交易，所以在發愁無助之際，便進入衍生工具市場，運用不同工具來鎖定獲利或對沖損失。

以上各式人等，林林總總，充斥在外匯、債券、股票、期貨等不同的金融市場之中。

但為甚麼外匯市場是最大的呢？

因為每個地方都要進出口啊。

以香港為例，農業式微，工業亦步向沒落，經濟以服務業為主。市民吃的、穿的、用的，大部分都靠進口。就算你嘗試甚麼都買香港本地貨，也一定用電和水吧？自來水除了來自香港的水塘，大部分是來自內地的東江水。而水輸到香港後也要靠電去推動水泵呀。再說香港根本沒有能源資源，發電大部分是靠煤及天然氣，而這些都是入口的。你可以完全不倚靠進口貨，但能夠不用水、不用電嗎？

由於不同地方都難以完全自給自足，總需要進出口活動，在這個跨國貿易過程中，牽涉到不同國家的貨幣，所以便需要有外匯交易，通過換取其他地方所使用的貨幣來進行相關交易。外貿活動是一定要通過外匯市場才能夠完成的，所以觀乎當今國際貿易數額如此之巨，便可明白為甚麼外匯市場是規模最大的了。

有了以上的基礎知識，我們可以更深入了解以下主要內容。我教學生時，多數會用以下問題來測試他們對外匯市場的了解程度。

相信大家都聽說過，發達國家的主流媒體經常批評說：「中國操控人民幣匯率，影響了國際間的自由貿易。」如何好好理解這句說話？就舉一個簡單例子解釋：

有一家中國公司製作了手機，在海外可以賣出多少部呢？

這個就要看匯率價格了。如果中國政府刻意壓低人民幣匯率，那麼這台手機的價錢會便宜過很多其他外國公司生產的手機。如是者，全世界的人便會爭相購買中國的手機，而不去購買其他貴價的外國手機，這樣做便影響了國際間的貿易平衡。因此，最理想的狀況是讓匯率自由浮動，而政府不應該調控外幣匯率。

然而，中國人民銀行是有對匯率進行調控的。人民銀行允許人民幣與外幣的匯率，在官方的中間價上下 2% 範圍內波動。但若當日的匯率超出了這個總計 4% 的波動區間，人民銀行便會作出干預，務求將人民幣匯率帶回到這個區間內。顯然，中國政府是不讓人民幣完全自由浮動的。

當我向學生介紹完情況後，接着多數會問他們以下問題。

一「你認為中國有沒有操控匯率，影響國際間的自由貿易？」

學生的答案基本上都是：「有。」

二「你認為中國應不應該讓匯率自由浮動？」

大部分學生的答案是：「應該。」

三「如果你認為中國操控匯率影響了國際間的自由貿易，那麼你們能否告訴我，有沒有一個地方，它操控匯率的力度比中國大，但是自由貿易卻表現得很好的呢？」

這條問題，有很多答案。我聽過有很多學生說：「這個沒有可能。」也有人說：「由於操控匯率，因此不能有自由貿易，所以根本就沒有這個地方。」但很多時，我會聽到學生說出很多發達國家的名稱，包括美國、日本、英國、德國等等。可能他們聽到「自由」，便下意識地聯想到這些國家，而這些國家又都有很大的進出口貿易量，因此很多學生便如此作答。

各位讀者可以試一下，拿我這三個問題，問一下身邊正在上中學或大學的朋友，看他們如何作答，你便會明白大部分人，真的像以上一樣回答。

補充一點，這些答案不只見於香港的學生，筆者在香港兩間大學都有教碩士課程，而課程都有內地生，他們也多是如此作答。而筆者以前在澳洲的大學工作時，也經常如此問外國學生，當中除了澳洲當地生，亦有很多來自東南亞如新加坡、馬來西亞、印尼等地的學生，他們的回答都跟香港學生差不多。

聯繫匯率與自由貿易

令人遺憾的是，很多學生對第三條問題的回答是錯誤的，而且錯得離譜。

問題出在哪裏呢？

說到這裏，我還得仰天長嘆一下，才能繼續寫下去。

很多香港的學生居然不知道第三條問題的答案是「香港」！

如果你問學生哪裏有聯繫匯率，他們多能正確回答是「香港」。

但當你改變一下問題的字眼和形式，很多人便答不上來。

須知道香港特別行政區的港元和美元之間設有一個匯率聯繫機制，始於 1983 年英治時期，執行至今逾 40 年。具體而言，香港金融管理局（金管局）會設法將港元及美元的匯價限制在一個非常狹窄的範圍，目前允許的波動範圍是 1 美元兌 7.75 至 7.85 港元，即波動範圍是一毫子。計算一下，0.1 除以中間值 7.8 等於 1.28%，遠遠少於現在中國官方所允許的人民幣 4% 波動範圍。如果說中國政府嚴格控制人民幣波動，那麼香港操控港元匯率的程度可謂更嚴厲得多。

問題是控制匯率真的會影響自由貿易嗎？你有沒有聽過外國媒體批評香港操控匯率，影響自由貿易呢？

恕我孤陋寡聞，自香港執行聯繫匯率政策以來，從未聽人說過香港的聯繫匯率影響自由貿易，反而香港一直是自由貿易評級非常高的地方。世界知名智庫菲沙研究所（Fraser Institute）多年來都有發表報告揭示世界不同地方的經濟自由表現。香港不只是全世界經濟自由度極高的地方，而且在 2022 年出的報告所研究的 2020 年再次獲得國際貿易自由度及監管兩個項目的全世界第一名。[3]

根據資料，菲沙研究所在 1980 年開始發表研究報告，而香港的經濟自由度從 1980 年到 2020 年一直是全世界第一名。[4] 後來在 2023 年的報告所研究的 2021 年才輕微跌了一級至第二。[5] 基本上香港一直都是處於

3　James Gwartney, Robert Lawson, Joshua Hall, and Ryan Murphy（2022）. *Economic Freedom of the World: 2022 Annual Report*. Vancouver: Fraser Institute. www.fraserinstitute.org/sites/default/files/economic-freedom-of-the-world-2022.pdf

4　Reporter, S.（2022, September 9）. HK is still the world's freest economy: Fraser Institute. Hong Kong Business. https://hongkongbusiness.hk/news/hk-still-worlds-freest-economy-fraser-institute

5　https://www.fraserinstitute.org/sites/default/files/economic-freedom-of-the-world-2023.pdf

貼地經濟學 —— 當理論背離現狀時的避險課

全球高排名之列。另外需要闡明，該研究所進行的研究涵蓋全球 165 個國家及經濟體。研究方向包含五個不同領域的經濟自由度，包括政府規模、法律體系和產權、貨幣、國際貿易、監管。而國際貿易的部分更細分為四個子部分：關稅、貿易障礙、黑市匯率，以及資金與人員的流動限制。[6]

整個報告的數據包含有美、英、法、德、日、韓及其他所謂非常自由的發達國家，但經過評比之後，居然是操控外匯市場非常嚴格的香港，能在國際貿易自由評比中，名列前茅。

香港特別行政區操控匯率的手段比中國內地嚴格很多，但香港卻是自由貿易評比的世界第一或第二。從另一個角度來看，很多媒體大力批評人民幣匯率政策影響國際自由貿易，如果真的如此，不是應該要首先批評香港嗎？還為甚麼在國際貿易自由評比中，反而給香港這樣高的世界排名呢？

結論就是：調控匯率與貿易自由根本沒有一絲關係。

是的，重申一次，兩者根本就沒有任何關係。

其實媒體的批評，很多時背後的根據都是錯漏百出，而且經常故意誤植概念。由於發達國家經常吹噓自己的國度充滿「自由」。因此只要和她們不一樣的，便會受到批評。所以「自由」這個詞已經用爛了。而最重要的是，國際貿易自由這個概念與媒體所批評的自由，根本就沒有關係。

按菲沙研究所的報告，對國際貿易自由的量度方法為：「……衡量各種貿易限制：關稅、配額、隱藏的行政限制以及對匯率和資本流動的控制。為了在該領域獲得高評級，一個國家必須具有低關稅、易於清關和高效的海關管理、可自由兌換的貨幣以及對實物和人力資本流動的較少控制。」

---

6   Economic Freedom. (n.d.). Fraser Institute. https://www.fraserinstitute.org/studies/economic-freedom

菲沙研究所多年來都把香港評為
全球最自由經濟體。

經濟學——當理論背離現狀時的避險課
貼地

請看清楚，國際貿易自由的主要衡量標準是看一個地區的關稅、海關管理，以及對實物和人力資本流動的控制。雖然也會將匯率控制加入考慮，但主要不是看這個地方有沒有匯率調控政策，而是觀察貿易過程中，該地區能否自由兌換貨幣去進行交易。由於香港及中國內地的貨幣都可以在貿易過程中自由兌換，故貿易自由是不受影響的。

話說回來，其實中國在改革開放初期已經進行匯率改革，當時中國採用匯率雙軌制，而雙軌制在中國從計劃經濟過渡到自由經濟是非常成功的。為了進一步改革，在 1994 年 1 月 1 日取消了匯率雙軌制。而現在人民幣匯率中間界的形成機制，則是按前一個交易日的收盤價加上一籃子貨幣的隔夜匯率變動來推算人民幣匯率中間價。[7] 所以人民幣現時的匯率制定過程，其實還是比較客觀的，也照顧到市場狀況，絕不是脫離現實，只憑政府空想一個中間價出來。

匯率操控　孰好孰壞？

發達國家經常批評中國操控人民幣匯率。那麼，發達國家自己又有沒有操控匯率呢？

多的是啊，而且是擺明車馬直接干預！

有時還怕你不知道，甚至會特別召開記者會，三令五申地通知大家，他們政府正準備干預。須知道很多外國的中央銀行所謂的職能，除了控制利率以外，就是調控匯率呀。

想當年，安倍晉三做日本首相時推行「安倍經濟學」，推出稱為「三支箭」的經濟政策。安倍當時向日本國民解釋，為了解決日圓匯率過高不利

7　　CEIC Insight.（2023）【CEIC 洞察】人民币汇率中间价详解 . CEICData.com.
　　　https://info.ceicdata.com/zh-cn/ceic-insight-chinas-central-parity-rate_
　　　aug-21-blog-cn

出口的情況，所以要壓低日圓匯率並進行其他一系列量化寬鬆措施。當時的日本央行行長白川方明跟安倍在通脹目標意見不合，被認為阻礙了安倍的政策執行，結果受不住首相施壓，在 2013 年 3 月辭職求去，由黑田東彥接替。按西方經濟學的說法，中央銀行應該是獨立運作，不應受政府控制和政治干預，而應該客觀地執行經濟政策的。但黑田東彥上任後，便緊緊跟從安倍的意見去改變日本央行政策。畢竟黑田雖然貴為央行行長，位高權重，但歷歷在目的是他的前任白川方明因與安倍意見不合而丟官，之後更入了日本青山學院大學做教授。搞經濟的人都懂計算（其實更懂算計），想必黑田東彥都懂，思前想後，還是為五斗米折腰好過「入青山」（香港有一所精神科專科醫院叫青山醫院，所以俗語「入青山」意指有精神病）。

話說黑田上任後，改變了央行應該執行獨立經濟政策的方針，而是儘量配合安倍的政策。由於安倍想日圓貶值，所以黑田做行長後，日圓就像被新冠病毒感染了腸胃般，一瀉千里，沉痾不起。雖然偶有反彈，但總體來說，安倍二次在任首相的 2012 至 2020 年，日圓匯率都是一直向下。

先不說黑田上台後對安倍的政策言聽計從，喪失了經濟學教科書中所說的中央銀行獨立性，也不說日圓下跌對日本是好是壞（這個在本書後面的章節將再詳細解釋），可是當時西方媒體的報導就令人歎為觀止。

由於匯率、金融、經濟這些都是屬於經濟新聞，很多報章會將各國的同類新聞放在經濟版或財經版一併報導。當時看到很多標題是「安倍經濟學：日圓匯率改革、促進日本就業、振興日本經濟」；但詭異的是，同一時間在同一版面，有另外一堆新聞標題：「中國操控人民幣匯率影響國際貿易」「美國考慮將中國列為貨幣操縱國，再予以懲罰」。原來在西方媒體眼中，同一性質的外匯政策，應用在日本時，調控日圓貶值就是好的政策，但對人民幣作出調控則是十惡不赦。

這些道理雖然非常顯淺。奇怪的就是很多人，他們在看新聞時都察覺不到這些雙重標準。可憐的是很多學生受媒體的雙重標準引導而不自知，

連最基本的判斷能力都喪失了。

龔同學：「老師你好！我想問一下，這些道理都是非常簡單易明的，但為甚麼這麼多人都看不出當中的問題呢？尤其是匯率操控與自由貿易的那部分。」

James：「妳問我？我問妳才真啊！我現在不是教妳製作火箭，這麼簡單的東西，妳都不思考，還來上我的課？」

龔同學：「這⋯⋯老師，我還有另外一個問題！老師認為怎樣的外匯政策對國家最有好處呢？」

多數學生不懂得作答的時候，便會轉移話題。

James：「每個國家都有自己的內在環境因素，不必刻意追求別人的做法，只要選擇對自己最好的匯率政策便是了。唯一需要的是獨立思考，不要完全相信媒體及教科書的內容。要自行判斷是非，否則隨時國破家亡。」

龔同學：「國破家亡？老師，你的說法是否太誇張了？」

James：「我們留待下一部分，再看一下外匯政策如何可以兵不血刃摧毀一個國家，使得每個人都要天天去祈禱。」

1.2
旅遊前，你真的「懂」怎樣換外幣？

龔同學：「老師能否再分享一些外匯的東西？因為近來日圓匯率下跌，我想計畫一下去日本旅行購物。順便買一些禮物回來給你。」

James：「多謝同學。禮物就不必了。順便善意提醒一下同學，妳吃東西要小心。因為他們正把核污染水排出太平洋，我們搞經濟學的，都是要逃避風險。這個食物安全風險，妳一定要好好逃避。尤其吃海鮮時要多加注意。順便問一下，這麼多國家，為甚麼同學選擇去日本？」

龔同學：「我只是看到現在日圓匯價一直在跌，匯率非常低。東西比較便宜，最適合旅遊購物。老師能夠分享一下日圓匯率的資訊嗎？」

James：「好的。外匯這東西，非常重要。但一般人都忽略了其重要性，只是在旅行時才會考慮到這個問題。首先問妳，妳是否記得主流經濟學教科書中說，當一個國家經濟不好時，應該採取甚麼匯率政策？」

龔同學：「這個當然記得，就是讓自己國家的貨幣貶值。」

James：「同學果然熟讀經濟學教科書上的西方經濟理論，妳先詳細說明一下學過的教科書內容。」

龔同學：「當一個國家的經濟不好時，可以通過自己貨幣的貶值，使自

己的產品比其他國家便宜。那麼便能夠吸引其他外國人買自己國家的產品。這會增強自己國家產品的競爭力，而本地製造產品的生產由於增多，也會使到國民的收入增多，更能加強自己的工業。」

James：「所以貨幣貶值對國家是好，還是不好呢？」

龔同學：「老師你不是想考我這麼簡單的經濟理論吧？一個政策能夠增加國民收入，更能加強自己的工業，當然是好呀。」

James：「好……其實是『好慘』才對呀！」

一般來說，主流經濟學教科書其中一個經常提倡的經濟政策就是：如果一個國家的經濟不好，就要通過貨幣貶值，將自己的產品的價格降低，從而刺激出口。而由於出口產品的需求大增，企業方面如果想製造更多產品以供出口，便需要增加投資。企業也需要聘請更多工人去製作產品，因此就業率也會上升，整個出口行業都會得到振興。而出口行業的工人由於比以前賺取到更多工資，因此整個國家的收入也比以前更上一層樓。

以上這個邏輯都是大家耳熟能詳的，學生如果連這個都搞不懂，不要說畢業，連大學一年級的經濟科都不能順利完成。而這個邏輯，更是很多國家制定經濟政策的依據。

但不為人知的是，這些眾所周知的理論背後，居然隱藏着大量的誤導！

漏洞在哪裏呢？讀者們可以先把書本放下，用五分鐘時間思考一下。然後回頭再看我的解釋，自然有更深體會。

日圓低水與現代「賣豬仔」

我們先看一則日本新聞。《日經新聞》在 2022 年底發表報告說，有愈來愈多日本人，因為日圓大幅貶值，認為留在日本生活太困難了，所以

決定去其他國家打工。[8] 看到這則新聞，感覺上就好像以前清朝中後期時，很多中國人為了改善生活，「賣豬仔」漂洋過海去外國討生活一樣。

在這裏需要解釋一下。「賣豬仔」指的是當時有很多沿海省份的中國老百姓，由於生活困難，所以去了東南亞，甚至美洲或澳洲做勞工。這些做苦力的勞工，工作環境大多極其惡劣，經常遭到非人待遇，因此有很多人客死異鄉，遂產生了「賣豬仔」一詞。

但是，這種事情居然發生在亞洲富國日本！大家是不是覺得很魔幻？

另外，日圓自安倍上台後大部分時間都是貶值，讀者們可以參看下圖。需要留意這幅圖所畫的是一美元能換多少日圓，所以如果這幅圖的線條愈向上，即代表一美元能夠換更多日圓，代表日圓貶值。安倍在 2012 年被選為首相[9]，而圖中的低點就是 2011 至 2012 年附近。從日圓對美元的匯率圖表中可見，日圓在安倍執政之後開始，線條就一直向上，亦即是日圓持續貶值。

話說回來，經濟理論不是說貨幣貶值能夠增加收入嗎？為甚麼很多日本人反而還要出國去討生活呢？

再看另一個亞洲國家斯里蘭卡，在 2022 年該國亦經歷了經濟危機，其貨幣大跌，由 2022 年初的 200 斯里蘭卡盧比換 1 美元，跌至 2023 年初，需要用 366 斯里蘭卡盧比才能換 1 美元。貨幣大跌，按教科書說法可振興工業、刺激出口及增加國民生產總值。

但你有沒有看到斯里蘭卡人熱烈地彈琴，熱烈地唱？又有沒有人開香檳，跳舞去慶祝貨幣貶值？

8　https://zh.cn.nikkei.com/career/employment/50940-2022-12-28-05-00-10.html

9　安倍於 2006 年 9 月首度拜相，但僅一年便以患病為由請辭，時間太短；之後在 2012 年 9 月起二度拜相，並提出「安倍經濟學」，之後再連任兩屆，故這裏以 2012 年為錨點。

自安倍三度拜相後至今，日圓匯率總體上是持續貶值的（圖為一美元可兌換多少日圓的價位紀錄，線愈高即日圓愈貶值）。

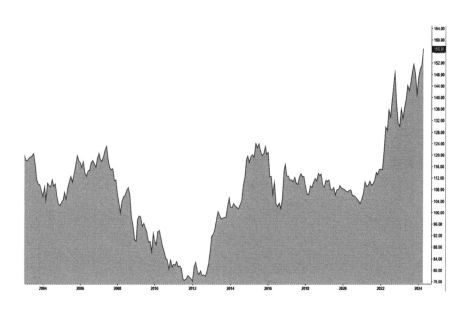

可惜的是，跳舞沒看到，跳樓的人就一大片。

為甚麼教科書上的理論跟現實有這些反差呢？

準備好的話，現在就為你打開第三眼，去看透世界的真相。

貨幣貶值對普羅打工族的利弊

要明白一個國家是有很多不同行業的，但為了方便解釋，我們就按企業的產品出口性質來分類。可以依次分為三個行業：第一個是出口行業，第二個是入口行業，第三個是不出不入的其他行業。

在貨幣貶值時，出口行業所得到的好處，就是教科書上大家耳熟能詳的東西，即因為貨幣貶值，出口產品折算成外幣時便宜了很多，所以多了外國人買自己國家的產品。因此，出口行業的老闆便會增加投資，製造出口的產品時也會需要更多工人，所以多了人上班，而因為出口公司會爭奪工人，因此也會提升工人薪資。結果就是出口行業的人均收入增加，整個出口行業也得到發展。以上就是教科書的觀點。

另一邊廂，教科書沒有提及的入口業，在貨幣貶值時又會出現甚麼情況呢？

舉一個例子，假如我是從日本購買產品來港售賣的香港入口商。按2023 年底，港元與日圓匯率，一件 18,000 日圓的日本產品大約兌換為1,000 港元。所以我的產品入口價就是 1,000 港元，當我向日本出口商購入產品後，如果我以 1,500 港元賣給其他香港的公司，我就可以賺 500 港元。假設現在港元對日圓貶值，那麼我想向日本出口商買 18,000 日圓的產品，1,000 港元便不足夠了，而我需要用更多的港元才可能換到同樣的18,000 日圓。假設現在要 1,200 港元才能兌換 18,000 日圓，所以我的產品入口價便增加到 1,200 港元。如果我不提高價格，利潤空間便收窄了許多。但若我提高價格，買的人便少了。所以貨幣貶值對入口商來說，一定是不好的。倘港元一直貶下去，甚至用 1,500 港元也買不到同樣的東西

時，那麼我這日本入口事業也得關門大吉。

因此如果站在入口商的立場，貨幣貶值其實屬於一個不利因素。

需要指出的是，其實貨幣貶值也可能會影響到出口業的發展。即教科書所說的貨幣貶值對出口業有好處，也不是絕對正確的。就以日本來說，由於該國缺乏天然資源，所以大部分資源及原材料都是需要從外地入口，然後對這些原材料加工才能製成產品。

大家知道利潤的方程式是產品售價減成本，由於原材料佔成本的一大部分，所以如果日圓貶值，那麼日本廠家便需要更多的日圓去購買外國材料，所以製作產品時的成本便會大增。因此一個出口企業，能否在貨幣貶值時獲利，其實並非教科書說的這麼簡單，而是需要考慮入口原材料的成本上升。因此對一些嚴重依賴入口原材料的國家來說，貨幣貶值未必是好事。

再舉一個例子，一個日本廠商製造的產品需要用外國原材料來製造。這個產品售價為一萬日圓，按照匯率賣給一個美國人就會得 70 美元。而這個售價為一萬日圓的產品，拆分為三部分，假設其中 3,000 日圓是入口材料費，3,000 日圓是工人工資，總成本合共是 6,000 日圓，餘下 4,000 日圓是利潤。假設日本貨幣貶值一半。那麼 3,000 日圓的入口材料費便會漲至 6,000 日圓。加上 3,000 日圓的工資，總成本便由 6,000 日圓急升至 9,000 日圓。如果貨品沒有提高價格，每件產品的利潤便會驟降至 1,000 日圓；但同一時間，由於日圓貶值，他賣給美國人的產品現在只值 35 美元。當然價格便宜了，美國人有可能買更多產品。而由於每個產品現在只能賺 1,000 日圓，如果美國人現在購買多四倍，即向他購買多三個產品，總共四個產品，他便才可以得到和以前一樣的 4,000 日圓的盈利。而如果美國人的購買量沒有增加四倍，那麼這個日本廠家的總盈利還少過以前啊。

所以如果出口廠家是大量依賴進口原材料的話，產品賣多了也不一定能抵銷入口原材料的成本開支。而出口商到底能否比以前賺更多，則視乎

貨幣貶值後產品的銷售量增加能否抵銷成本上漲的影響。

通過以上的簡單例子，大家應可了解到貨幣貶值，對入口會有不良影響，但對出口也不一定有利。那麼其他沒有牽涉到出口及入口的行業又如何呢？

首先要明白有哪些行業是不出不入的。其實這個種類包括很多行業，例如各式各樣的服務業。剪頭髮就是其中一個例子，你可以出口兩個日本馬桶，但不可以出口兩個剪頭髮吧。你可以出口福島大米，但不可以出口家居清潔服務吧。還有一個就是房地產業，外國人可以去日本買房子，但是日本房子卻不能出口去美國呀。

我們下面仔細分析一下不出不入行業的情況。

先說一件教科書完全沒有提到的事情，從本質上看，貨幣貶值基本上就是——由政府規定提供予外國人的全民大減價！

不管你是甚麼行業，如果貨幣貶值，外國人便可以去你的國家，用非常低廉的價錢買你的東西。平時做生意，老闆還可以自行決定減不減價。但如果是貨幣貶值，就是迫使全民開放給外國人作大平賣、大減價，就算你同不同意都要接受。

因此如果一個國家的貨幣貶值，外國人就可以去這個國家用非常低廉的價錢購買當地的產品，包括車子、房子，甚至妻子（不是直接買，而是因為外國人變相更有錢，本地女性願意遠嫁他方），這個當然也包括其他眾多的服務，甚至公司企業的股權。有很多發展中國家就是在遭遇金融危機而引致匯率大跌時，遭到發達國家財團大量收購當地公司股份，從而控制了發展中國家的農業、工業及商業。

而且這個也會帶來通脹。由於現在全民大減價，外國人來這個國家，便會大量消費當地的產品，這將導致本地供應緊張而令價格上升。

這個有沒有例子？一如很多發展中國家的旅遊景點所在地方的消費

地貼經濟學——當理論背離現狀時的避險課

品價錢，多數貴過其他非旅遊景點的城市，背後就是這個原因。

另外，貨幣貶值更有機會衍生資產、財富及天然資源外流的問題。再舉一個例子。例如稀土鋱（Terbium）在 2023 年初每公斤大約售 4,000 美元。[10] 如果匯價貶值一半，就要出口兩公斤才可賺 4,000 美元。因為你的東西貶值，外國人用同樣的 4,000 美元，買到你兩倍的東西。細想一下，開採及加工稀土過程是極度污染的，給人家兩倍產品，但只收到同樣價值的外幣，這個真的對國家是好事嗎？

因此通過以上的詳細解釋，大家可以了解到，一個國家的貨幣貶值，並不一定能夠帶來好處。

簡單總結一下以上分析的結果，就出口業來看，因為入口的原材料成本大增，貨幣貶值未必會有好處，更反而會導致天然資源及財富的流失。入口業就不用解釋了，貶值的話，壞影響遠多於好影響。至於不出口不入口的行業，也會增加通脹。而本地企業也會因為匯價低，股票價格相對便宜，有機會被外國企業通過收購合併而喪失擁有權。因此大家應當明白，盲目相信西方經濟理論的建議，為了振興經濟而進行貨幣貶值的做法，存在很多誤區。

一個國家有三種行業，而西方主流經濟理論，對匯率貶值下，入口業及不出不入行業的悲慘情況視若無睹，一味聚焦出口業；而事實上這對於出口業也不一定好。但西方經濟理論居然執着這一個片面之詞，不停建議發展中國家，說如果國家經濟不好，就記得讓貨幣貶值。

其真正原因，就是我剛才說的貨幣貶值，其本質就是強迫性的全民大減價。外國人怎樣才可以更便宜地買你的產品？就是你接受他們建議，去將自己的貨幣貶值啊。

10　*Current Rare Earth Element and Technology Metals Prices.*（2022, September 28）. Strategic Metals Invest. https://strategicmetalsinvest.com/current-strategic-metals-prices/

揭穿了真相後，我們又看一看發達國家是如何處理匯率問題。

在這裏首先要介紹一下經濟合作暨發展組織（簡稱經合組織），即 Organisation for Economic Cooperation and Development（OECD），這是由 38 個國家組成的跨國組織。[11] 會員國大部分屬於富有的發達國家，貧窮國家基本上是不能夠入會的，38 國中有 35 個是世界銀行列為「高收入經濟體」的國家，因此也有人戲稱 OECD 為「富國俱樂部」。OECD 成員中如美國、英國、德國、法國、意大利、加拿大、澳洲等西方主流國家，以及日本、韓國等，都是奉西方主流經濟學為圭臬的大型經濟體，我們就看一下這些國家如何處理匯率。

德國、法國、意大利這三個 OECD 成員國都是用歐元的。我想問一下，歐元強還是人民幣強？

2023 年初，大約是 7.2 元人民幣換 1 歐元；即是歐元強。

再看一下五眼聯盟（Five Eyes）的貨幣匯率。

美元強還是人民幣強？6.7 元人民幣換 1 美元；美元強。

加拿大元強還是人民幣強？5 元人民幣換 1 加拿大元；加元強。

英鎊強還是人民幣強？8.2 元人民幣換 1 英鎊；英鎊強。

澳大利亞元強還是人民幣強？4.7 元人民幣換 1 澳元；澳元強。

新西蘭元強還是人民幣強？4.3 元人民幣換 1 新西蘭元；新西蘭元強。

這些西方發達經濟體的匯率都強於中國啊，這代表了甚麼呢？須知道這些西方發達經濟體在近 20 年來，經濟都有起伏，有時也會陷入經濟衰退。但你有沒有見過她們在經濟不景時，故意讓自己的貨幣大幅貶值，藉此刺激出口，振興經濟？

11　https://www.oecd.org/about/document/ratification-oecd-convention.htm

貼地經濟學 —— 當理論背離現狀時的避險課

經濟合作暨發展組織由 38 個發達國家組成，當中包括美、英、德、法、日等高收入經濟體。

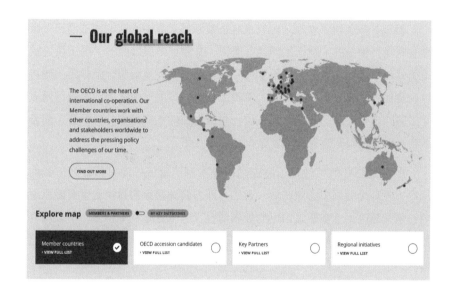

再換個說法，現在大家都知道美國的經濟一團糟，但為甚麼美國政府不按照西方主流經濟學教科書的指示，讓美元大幅度貶值呢？

其實他們大可以將現在 6.7 元人民幣兌換 1 美元的匯率反轉，變成 1 元人民幣換 7 美元呀？按照西方主流經濟學說，如果美元貶值至 1 元人民幣能夠換 7 美元，那麼便可以吸引很多外國人購買美國產品，繼而能夠增加美國的出口，也會使美國工人受益，就業率及工資亦會上漲，更可以提振美國工業發展。美國出口多了，生產多了，工業投資跟着擴充，整個國家收入也會增多呀！

但為甚麼美國不做呢？因為這些都是忽悠發展中國家的說法而已，發達國家是不會做的。嘴巴上無論怎麼說，身體都是最誠實的。很多發達國家都是依賴蓬勃的金融業，不事生產。發達國家只需要印一張鈔票，便可以去發展中國家買需要的東西。本質上，她們只用一張紙便能夠換得別人辛勞製作出來的產品。既然現在印一張紙已經能夠換到你的東西了，何苦要自己貶值，印多幾張紙幣才能取你的東西呢？

所以主動貶值這件事，發達國家根本就不會做，而只是會忽悠其他國家，尤其是發展中國家去做。當然，西方發達國家的貨幣也會有貶值之時，但究其原因，多數是自己的鈔票印多了，或者是利率轉變，所以貨幣才自然地貶值，但絕對不會是因為想促進經濟，而自己主動大幅貶值自己的貨幣。

但發達國家中還是有一些例外的，就是我們兩個東亞近鄰：日本與韓國，其貨幣匯率都是遠低於中國的。為甚麼大部分發達國家的匯率都強於中國，但這兩個亞洲國家卻相反呢？

回看一下，安倍在 2012 年底上任後，一直利用日圓貶值可增加日本出口、振興工業等作為口號，去執行其經濟政策。而這段時間日圓匯率也持續向下。但再看一看，日本的經濟在安倍執政初期的 2013 年衝了一衝，之後依然是在低位徘徊。2022 年日圓的急速下滑，更導致了前文提

過，很多養尊處優的日本人有感在日本生活不下去，心甘情願「賣豬仔」去外國打工賺錢。

西方發達國家都沒有跟從經濟教科書的提議，而東亞的日本、韓國，卻反其道而行，這個絕對不是巧合。原因在哪裏呢？這兩個國家，都有很多美國駐軍駐紮啊。

這個就令筆者想起後晉高祖石敬瑭的故事。當年石敬瑭為了巴結軍事強國契丹，居然不顧人民死活，把燕雲十六州割讓給契丹，更叫比自己小十歲的契丹皇帝耶律德光為「父皇帝」，自己甘願做「兒皇帝」。

對於被金融殖民的國家，你又能有甚麼期望呢？而金融殖民地的領導人，他們首先要使人民開心，還是使父皇帝開心呢？這個在後晉石敬瑭的歷史已經有了明確答案。順帶一提，兒皇帝石敬瑭的諡號為「聖文章武明德孝皇帝」。看到沒有，放棄國家主權，割讓燕雲十六州，對內則不顧人民死活，一味侍奉外敵的人，都説自己德才兼備。

所以現在大家應該明白，為何日本及斯里蘭卡這些地方的貨幣貶值後，沒有人上街跳舞，反而有人上高樓大廈跳樓了。

更需要留意的是，西方經濟學教科書如何配合發達國家的政客，再加上媒體，三位一體地將錯誤的經濟學觀念灌輸給市民大眾。

洪同學：「老師，我學了經濟學很多年了。但你這一章的教導，完完全全顛覆了我多年來的經濟學上的認知。」

James：「那麼你回答我，我的解釋你全部都明白嗎？」

洪同學：「明白。那些道理都是非常容易理解的。」

James：「你學了經濟學這麼多年，而且道理都是很淺白的，但為甚麼你以前沒有察覺到這些漏洞呢？」

洪同學：「基本上以前我讀教科書時，完全沒有想過教科書是會有問題

的。教科書說甚麼，我便信甚麼。」

James：「真相往往比奇幻小說更魔幻。」

洪同學：「老師，如果教科書是有漏洞的，那麼一個國家應該如何選擇切合自己需要的匯率呢？」

James：「匯率低的問題在本章已經說過了，我就不再重複。那麼我們就聊一下匯率太高，又有甚麼問題。」

追求更理想的匯率制度

James：「我們中華文化博大精深。如果想學好經濟，可首先要學好中文。」

龔同學：「老師，不是吧。我知道你喜歡中華文化，但怎麼又扯到經濟了？」

James：「同學有所不知。我們中文的『貨幣』這個詞語，就已經說明了一切。第一個字是『貨』，第二個是錢幣的『幣』。即代表了『貨幣』是指用來交換貨物的錢幣。貨物是主因，錢幣是工具。」

龔同學：「我不太明白。」

James：「制定貨幣的最佳匯率就是要考慮有沒有『貨』，以及需不需要交易。」

龔同學：「老師，你說甚麼？」

　　匯率太高會破壞出口業的競爭力，所以如果你的國家是以出口業為主要產業，匯率太高真的會影響你產品的吸引力，因此絕不能允許匯率太高。但如果像西方很多發達國家一樣，最大產業不是工業，而是服務業的話，由於沒有大量工業產品以供出口，所以不必擔心匯率過高會影響出口產品的競爭力，情況就不一樣了。

由於很多發達國家不重視工業，而只是用紙幣去換發展中國家生產的工業產品。西方國家自己多只重視服務業及金融業，所以也不必考慮產品出口，因此低匯率對他們來說根本沒有好處。而對西方國家來說，最好的就是一個高匯率。因為匯率愈高，代表用同一張紙幣換人家的東西，能夠換得愈多。而這個正正是現今地球村的狀況，只是有很多人沒有清楚認識匯率政策背後的陰暗面。事實上，國與國之間的競爭一直存在，只是大部分人沒有留意金融戰、經濟戰這些沒有硝煙的戰爭。

或許有人會問具體一點：對中國來說，甚麼樣的外匯政策比較好？

中華民族普遍天性勤奮，因此這幾十年來一直作為世界的工廠，為全球不同國家提供不同的工業產品。所以中國不應該追求過高的匯率，否則真的是會影響產品出口。但也不能過低，否則之前所說的問題便會全部湧現。

最好的政策應該如何？這個老祖宗已經給出了答案。我們中華文化向來講究中庸之道，所以不必走極端，不太高，也不太低就最好。其實最重要的不是追求一個極高或極低的匯率，而是維持一個相對穩定的匯率價格，而目前中國的匯率政策正正就是這樣。

至於香港的情況，既然我們認為不應該通過貨幣去剝削其他國家，希望自食其力，因此對香港來說，只要匯率穩定，大家不必擔心匯率波動，市民大眾能安居樂業就最好。所以目前最好的政策就是繼續維持目前的聯繫匯率，以維持其他人對香港經濟金融中心的信心。

龔同學：「老師，你說了這麼多中華文化，但我有一些更關心的問題想問你。請問現在日圓匯率低，東西比較便宜，我應該去買甚麼呢？」

James：「同學買甚麼我沒有意見，但是就真的是不要買任何日本海產的禮物給我了。但如果同學想買日本房地產的話，也要考慮清楚。」

龔同學：「這又是甚麼意思呢？」

香港房地產的價格高昂，所以近年有很多日本的房地產公司經常向港人推介當地的房地產項目，更有人曾經為這些投資而損失慘重。可是，既然日圓匯率低，不就代表着當地的房地產正在大減價，我們難道不應該搶買日本房子嗎？

事實上，這只是日本房地產中介向港人推薦當地物業的一種宣傳方法。早在十餘年前，就已經有些人覺得日本總體的房地產價格比香港便宜，日圓匯率又低，因此開始出現港人買日本樓的現象。這些買家的想法是——「儘管知道日本樓價的升幅顯然沒有香港那麼大，但由於日本房子比香港便宜很多，因此仍算是比較理想的投資選擇。」近幾年也有不少報刊曾作出相關報導，指很多人覺得日本房地產便宜，便買入作投資用途。

然而，箇中關鍵在於，很多人覺得日圓匯率低，所以去當地買樓，卻沒有考慮到日圓未來有機會持續貶值。你買房子一刻的日圓匯率低，過幾年之後，可能匯率更低！

很多人投資外國房地產時，只會考慮他們買東西時的匯率，卻沒有考慮匯率是經常波動的。因此他們付款簽約買房子的時候，完全沒有預期匯率在幾年以後會有任何變化，這是很多人投資海外資產時所忽略的事項，但卻是最最最重要的。畢竟我們若非計劃移民當地，終有一天會把這些外國房產賣掉，再換回自己的貨幣，如果屆時匯率大跌，就算你的房地產能賣出一個高價，在換回自己的貨幣時，都可能得不償失。

龔同學：「多謝老師提醒。我想大部分人買東西時，只會考慮付款一刻是否便宜，根本沒有幾個人會認真考慮未來的匯率走勢。」

James：「是的。只要比較一下最近幾年日圓匯率走勢和日本房地產價格，便會明白到底是可以賺錢，還是會蝕錢了。」

龔同學：「多謝老師。我需要去編排日本的行程了，你們慢慢聊。」

洪同學：「老師，那我們繼續吧。我想問如果教科書都是錯的，那麼我們

貼地經濟學——當理論背離現狀時的避險課

是否不應該修讀經濟學呢？」

James：「無可否認，目前西方主流教科書中的理論及提供的案例，確實有很多不足。而大部分漏洞都是為發達國家及財團謀福利，尤其是金融財團。」

洪同學：「嗯。」

James：「因此，你應該更加用心修讀經濟學，要了解清楚理論與現實，絕不能人云亦云。學習經濟學有幾個層次，第一個層次是能了解書本上的知識。這比較容易做到，只須選擇外國知名院校的教科書看，將其熟讀便可以了，完成這個層次，學術水平便能夠和其他高級學府中的學生一樣。第二個層次是你要知道經濟理論背後的錯處，這比較難一些，因為學生只讀教科書，但教科書當然不會告訴你自己是錯的。」

洪同學：「就只有兩個層次嗎？」

James：「第三個層次是學懂如何修正目前主流教科書的經濟理論，將錯處糾正過來，撥亂反正。還有第四個層次，就是要弄明白為何教科書會故意加入這些錯處，背後又有甚麼動機。第五個層次則是研究教科書中的經濟理論及概念在歷史上的演化，了解『幕後的人』如何控制教科書的內容去宣揚他們想傳播的知識，以及這如何配合他們整個計畫。」

洪同學：「老師剛說的第五個層次中，『幕後的人』所指的是……？」

James：「就是隱藏在政府背後的財權組織。世界上有很多經濟事件及不同經濟制度的設計，都是他們一手泡製出來。他們也會用經濟制度的漏洞牟取利益。你想了解多一些嗎？」

洪同學：「洗耳恭聽。」

James：「我接着會用一個實例，透過我們香港經歷過的金融風暴，讓你明白如何把匯率化為『看不見的武器』……」

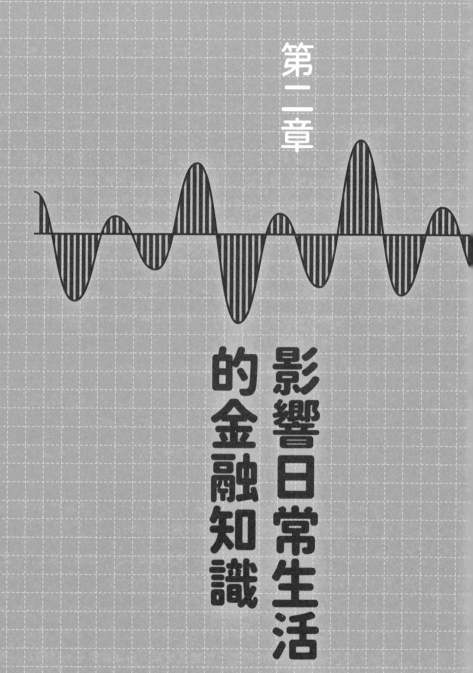

第二章

影響日常生活
的金融知識

不一樣的經濟學家

死了的經濟部長在天堂閒逛，有一天遇到了他的大學同學，死後重逢，大家都非常詫異，立即聊了起來。

經濟部長：「大學畢業後便沒有再見了，想不到居然能在天堂重逢。你畢業後的生活如何呢？」

大學同學：「自從畢業後，我便加入了教育部。死後才知道，原來有很多外國間諜一直潛伏在教育部，他們還經常故意提供錯誤的建議給我們設計教科書。但是由於我生前沒有發現，所以連累了國家。」

經濟部長：「老兄，你也不要太自責了。我的遭遇比你可悲得多。」

大學同學：「不好意思，觸動了你的痛處，但能否分享一下你的經歷？」

經濟部長：「我們的總統很重視經濟，因此他邀請 33 位經濟學家作為我的顧問，這些人都曾接受過嚴格經濟學博士課程培訓，全部畢業自西方著名高等學府。」

大學同學：「有這麼多賢才輔助，又有甚麼問題呢？」

經濟部長：「兄有所不知。我雖然有這麼多經濟學家幫我制定經濟政策，但是只有一個人方能提供準確的預測，而其他人都是錯的。」

大學同學：「簡單得很，那你就每次都問那個人，將其他預測錯誤的人全部槍斃，不就好了嗎？」

經濟部長：「我下面的人都不是間諜，而且都是一心一意幫我。但問題是，經濟學家真的是不一樣，真是非常難以對付。」

大學同學：「我以前在教育部一年都不知槍斃多少人。經濟學家又有甚麼不一樣？難道他們個個都銅皮鐵骨、不怕子彈嗎？」

經濟部長：「唉……老兄，你有所不知了。我提出一條問題，33 個經濟學家的說法都不一樣，每次都有 33 種完全不同的答案。另外，最麻煩的就是，能夠提供正確資訊的那一位經濟學家，每次都是不一樣的人，我就算想槍斃都無從下手……」

★ 2.1
國際匯率如何左右民生？

無可否認，不同的經濟學家，他們的預測差別甚大。而且經濟預測，往往有很多錯失。

為甚麼會這樣呢？看完本書，你自然有更深體會。

但我們先回到最基本的概念，甚麼才算是「經濟」呢？

其實「經濟」這個詞，是「經世濟俗」的簡稱。來源出自東晉時代葛洪《抱朴子·內篇》。指的是如何去經營治理世界及如何救濟俗世。因此可以體會到，古時「經濟」這個概念是怎樣管理一個國家去幫忙百姓。而現在的經濟學，則多只注重公司盈利及地區產值。兩相比較之下，便發覺古時的定義，更加貼地，更加符合人民需要，而現在教科書的定義，則既狹窄又市儈。

那麼，為何經濟預測又經常出錯呢？

筆者雖然主要是在大學任教金融及經濟相關科目，但也曾經修讀過國際關係的碩士課程，因此對國際政治也有持續的研究。如果問我影響經濟的最重要因素是甚麼，我可以好肯定地説，國際政治的影響力遠比經濟理論的方程式大得多。

當 2018 年特朗普與中國展開貿易戰後，兩國的經濟狀況立即大變。為甚麼沒有經濟學家能在特朗普實施貿易戰之前，猜到貿易戰之後的經濟

狀況呢？因為所有經濟理論的方程式都只有很少的幾個參數。而一旦有方程式以外的事情發生（如金融市場中所謂的「黑天鵝」），那條方程式就根本不能作預測之用。

因此可以認識到，經濟學的理論是非常狹隘的，畢竟結果只是建在方程式之上，而方程式不能考慮全部因素。就像特朗普對中國發動貿易戰這件事，當然沒有可能包在方程式之中，所以很多經濟學家都未能預測當年的經濟走勢，基本上全部預測錯誤。

通過以上這個例子可以清楚了解到，影響一個社會的經濟狀況其實往往是政治——這遠比經濟理論重要。但問題是有很多時候，很多人只專注於經濟理論的分析，往往忽略了研究國際關係的走勢，這種做法（或想法）是非常不理想。

其實當年有很多經濟評論員稱，特朗普當年執政時的經濟走勢是「政治市」。問題是既然是「政治市」，整個市場由政治所帶動，那麼怎能完全忽略政治的考慮呢？

但往往是很多經濟學家根本沒有留意國際政治，更對國際之間的爾虞我詐沒有探究，所以很多預測都是錯誤的。

以 1997 年香港所經歷的亞洲金融風暴為例，如果只用經濟學的方程式去研究這件事，根本理不出頭緒。可是如果肯深入一步，跳脫純經濟學的框框，從其他多個維度思考，自能對整件事有更多體會。

James：「洪同學你有計畫和龔同學一起去日本嗎？」

洪同學：「暫時沒有啊，老師。我沒有計劃去旅行，所以也不必換外幣。因此你和龔同學所談論的匯率問題對我影響不大。」

James：「你有所不知了。就算不去旅行，匯率改變也一定會影響到你的。」

貼地經濟學——當理論背離現狀時的避險課

洪同學：「是嗎？就算人們沒有去旅行，也會影響到其生活嗎？」

James：「當然會！而且後果可能非常嚴重……」

在前面的章節，已經說過西方經濟學教科書中，提倡發展中國家以貨幣貶值振興經濟的做法有問題。現在我們再看深入一點，儘量提供更多元的觀點，讓讀者了解整件事的來龍去脈。

之前和大家說過日圓貶值，所以有很多日本人現在需要去外國打工謀生。也討論過斯里蘭卡，因為貨幣貶值而引起的社會動亂。那麼除了這兩個國家以外，其他的國家是否沒有受貨幣貶值影響呢？

答案是日本及斯里蘭卡不是特例，而是通例，很多其他國家都是如此。

為了方便解釋，簡單重溫一下上一章的內容。一般來說，一個國家的匯率貶值，會對民生產生很多影響。例如，所有入口的產品及原材料都會貴了很多，而外國人也會多了購買當地的物品。如果這兩個增幅很大，則會進一步引起通脹，令到市場上百物騰貴。另外，如前一章所說，貨幣的貶值還會引起其他若干問題，例如入口業的萎縮及天然資源外流。

而如果一個國家，好像日本一樣，在其生產過程中需要倚靠大量外國的原材料，那麼因為貨幣貶值，其入口材料便會貴了很多。這個原材料的成本增加，也有機會令其製造業縮減，導致失業裁員。

而另外一個極端，就是一個國家主要行業的原材料不是從外國入口，而是來自自己國家的天然資源。例如在非洲有很多發展中國家就是這樣，它們自己國家資源豐富，因此就直接通過採礦，直接挖這些資源來賣。但是貨幣貶值對他們來說，也不一定有好處，因為如果一個國家的貨幣貶值一半，那麼以外幣來考慮，外國人用同樣的價錢，便能得到雙倍產品。而這個國家出口雙倍的產品，也只得到貶值前同樣的外幣。另外，如果在採集過程會出現污染，則其對環境的污染也會因為產量上升，而增加一倍。

以上這些是貨幣貶值時所引起的直接後果。但需要指出的是，經濟活

動涵蓋社會上不同行業，而行業之間環環相扣，因此隨着時間的推移，貨幣貶值的其他影響也會慢慢浮現。

明白了這些，我們便可以研究 1997 發生的亞洲金融風暴。

整個風暴是首先在泰國開始爆發，但不知道甚麼原因，也不知道是不是泰國人都是吃貨？翻查歷史會發覺這個風暴剛剛開始在泰國發生時，是被稱為「冬陰功」危機。然而這個危機到最後，不單止與美食沒有絲毫關係，而是全民所承受的苦果 ……

還記得亞洲金融風暴嗎？

James：「同學，妳熟讀西方教科書。能否解釋一下妳所知道的 1997 年亞洲金融風暴是甚麼一回事？」

龔同學：「沒有問題。按教科書及網上資料，整個危機發生的原因，是泰國政府沒有好好理財，導致外匯不足，沒有足夠外匯去支持泰國貨幣泰銖與美元的匯率，所以只能讓泰銖貶值。而泰銖貶值後便導致資金外流，引起連鎖反應，最後演變成金融危機。」

James：「很好，這是教科書的標準說法。但同學妳能否解釋一下，為甚麼除了泰國以外，其他亞洲國家也受到衝擊？」

龔同學：「這我當然明白啊。教科書已經寫得很清楚，因為這些國家也不善理財呀。」

James：「妳知道亞洲金融風暴除了衝擊泰國以外，還影響到哪些國家呢？」

龔同學：「我不知道具體有哪些國家，應該就只有幾個國家吧？」

James：「當年亞洲金融風暴影響甚廣，涉及多個亞洲國家及地區，例如：泰國、印尼、南韓、菲律賓、馬來西亞、蒙古、老撾、汶萊、新加坡、日本、越南等等國家，還有我們身處的香港特別行政區都受到不同程度

的影響。」

龔同學：「這又代表甚麼呢？」

James：「妳看，有這麼多地方受影響，不可能所有地方都在理財出問題吧？其中還包括了發達國家如南韓、新加坡、日本呀。」

龔同學：「嗯⋯⋯可能這些國家本身也有其他問題啊？」

James：「是的，當然我們不排除每個國家有自己的問題。但需要考慮的是，如果這些國家都有自己的問題，而大家的問題又不一樣，為甚麼這麼多國家會在同一時間出事呢？」

龔同學：「⋯⋯」

James：「需要考慮的是，如果不同國家各自有自己的經濟問題，那麼他們出現危機的時間點應該各有不同，而不會在同一時間一起發生。打個比方，一間酒店，如果十年前有一個人在泳池溺斃，而十年後，又有另外一個人心臟病發，由於發生的時間隔了十年，不是同時發生，所以這些應該是獨立事件。但如果在同一時間，在酒店有幾個人同時窒息死亡，又有幾個人同時燒死，遇着這個情況，很大機會就不是獨立事件，而是酒店出現火災。因此我們在調查時，便應該考慮現象是不是同時發生，分析時也應該要有全局觀的概念，才不會以偏概全。同學有沒有計過，這麼多國家同時爆發金融危機的機會率是多少？」

龔同學：「老師，如果不是每個國家自己出問題，那又是甚麼原因導致亞洲金融風暴呢？」

James：「同學有沒有考慮過，整個事件或許是『金融攻擊』，發生在一個不見硝煙的戰場。是發達國家對其他國家進行掠奪的侵略戰爭。」

龔同學：「老師，你說得太誇張了吧？」

James：「妳好好聽我說，便明白。」

需要指出，教科書上所敘述有關亞洲金融風暴的過程並不全面，而且故意忽略了最重要的部分——其實很多國家在事件背後，是受到國際炒家的金融攻擊。

為了方便讀者理解，在這裏首先要提供一些基本知識。

首先是關於各地政府如何調控匯率。一般來說，每個地方的中央銀行會通過買賣外幣及當地貨幣來進行調控。但由於香港特別行政區執行一國兩制，所以香港聯繫匯率的運作是由香港金管局負責。

以香港特別行政區為例子，聯繫匯率具體的操作是金管局將港元兌美元的匯率，以 7.8 港元兌 1 美元作為中間位，而將匯率限制在 7.75 至 7.85 港元兌 1 美元的浮動區間。

假設筆者忽然獲得了諾貝爾經濟學獎，應會有很多人爭相購買我寫的書。如果現在匯率是在中間位，即 1 美元可以兌換到 7.8 港元，由於買我寫的書需要用港元付款，故很多外國讀者便需要換入港元來買書，他們便要搶購港元，那麼市場對港元的需求便會大過供應（假設港元供應如常，沒增多）。這時港元便會轉強，美元便會走弱（人們拋售美元來換取港元）。那麼現在 1 美元便不能兌換到 7.8 那麼多港元，而會愈兌愈少，可能 1 美元只能換到 7.79 港元。而如果愈來愈多人喜歡我的書，市場上有更多人搶港元，港元便會繼續轉強，而美元會繼續轉弱，那麼美元匯率可能會繼續跌下去，而 1 美元可能才只換到 7.78 港元。

當匯率降到 1 美元換 7.75 港元時，為免美元繼續跌下去，而跌出聯繫匯率所規定的 7.75 這個範圍，那麼金管局便會干預外匯市場。他們如何干預呢？就是在市場上推出港元應付需求。

剛才提到，由於市場上有很多人想要用美元兌換港元，而又因港元供應不足，所以令港元走強。另一方面，由於市場上突然有太多美元，故美元走弱。所以最簡單的方法便是在市場上推出大量港元用來緩解港元不足的情況，同時吸走多餘的美元，如此的話便可以阻止港元的升勢。

但怎樣才可以在市場上推出港元呢？

做法就是由金管局入市買美元、賣港元。在金管局向市場買入美元的同時，美元便會由市場轉到金管局手上，令市場上的美元愈來愈少。而金管局賣出港元時，港元便會由金管局轉入市場，因此市場上的港元便會增加。換言之，具體做法就是由金管局入市，將手上的港元兌成美元，然後把換來的美元收藏起來，藉此將匯率限定在 7.75 水平。

相反，假設現在市場忽然不想要港元，而想追求美元，很多人拋售手上的港元以換取美元，那麼美元便會升值，港元便會貶值。這時候，市場上充斥着大家不想要的港元，而人人渴求的美元卻不夠，那麼 1 美元便能夠換到更多的港元，可能 1 美元換到 7.81 港元，而隨着美元升值，匯率便有機會慢慢升至 7.85 的水平。

金管局此際又會出動，因目前市場是美元不夠，港元太多，所以手持很多美元的金管局便會入市賣出美元，買入多餘的港元再收起來。

通過這個操作，市場上多出來的港元便會被金管局收走。同一時間，因為金管局將美元推出市場，市場缺乏的美元便會得到補充。這個一來一回，港元便不會繼續走弱，美元也不會再升。

剛才以香港金管局為例，說明了如何維持一個國家的匯率。其他地方的做法都是一樣，就是通過買賣外幣及自己國家的貨幣，將匯率限制在某一水平。

但是這個操作是有一定限制的。政府如果想在市場放出自己國家的貨幣，相對比較容易處理。因為只要開動印刷機，印好自己國家的貨幣，便可以在市場上推出。但問題是一個國家只能印自己國家的錢，不能印其他國家的貨幣呀，所以如果你手上的外幣不夠，就根本不能夠在市場放出外幣。

換言之，如果一個發展中國家的貨幣很弱勢（即是在外匯市場上該國

貨幣沒人要，一大堆充斥市場），而相對來說，外幣則人見人愛，非常緊缺。在這個情況下，該國如果想扭轉其貨幣的弱勢，便需要在市場放出外幣，同時收回在市場上多餘的本國貨幣。

問題是，剛才提到，因為自己不能印外幣出來，所以一個國家的外幣存量不是無限量供應的。當這個國家的中央銀行在市場拋出外幣，其外幣存量便會愈來愈少。隨着每一次的市場干預，拋一下少一堆，拋一下又少一堆，直至最後甚麼都拋光了，便不能再拋。

而當一個國家已經沒有任何外幣可拋出市場時，這個國家的中央銀行便無能力再從市場層面上干預外匯市場了。

萬一趨勢持續，那麼該國的貨幣匯率便只能愈跌愈低，萬劫不復，任何人也愛莫能助。

就好像在漆黑的山洞之中，跳進一個深不見底的無盡深坑……

看不見的戰爭

James：「同學們，不要老是發呆。你明白了我說的內容嗎？」

洪同學：「老師，我正在幻想你說的那個深坑……我以前沒有想過當一個國家的外匯儲備用完之後出現的狀況，你現在提一提我，我才想到其恐怖之處。」

James：「雖然如此，但出現這個狀況時，有些人還活得不錯。你知道那個時候甚麼人是最舒服的嗎？」

洪同學：「老師，當那個國家貨幣亂七八糟的時候，還有人舒服嗎？」

James：「當然有。這個時候，理論上如果你能在中央銀行找到工作，應該是這麼多年來最舒服的，因為根本無事可做。剩下的時間，只能眼巴巴地看着自己國家的貨幣下跌，而不能做任何事。」

洪同學：「那麼這個國家便沒有救了嗎？有沒有其他辦法呀？」

James：「天無絕人之路。辦法是有，但是也有相應的代價。」

當一個國家的貨幣貶值，代表這個國家的貨幣沒有人想要，而大家都喜歡外幣，因此可能的話，市民會盡量將自己的貨幣換成外幣。遇見這個情況，一個國家的中央銀行除了拋出短缺的外幣，再吸走市場中的本國貨幣去調節匯率之外，還有另一個方法，就是嘗試增強大家對本國貨幣的興趣，使大家繼續保留自己的本國貨幣，不再換成外幣。

這個具體做法就是提高本國的利息。

由於本國的利息增加，大家將這些錢儲在銀行，可以得到更大的利息回報。因此人們便不會再將本國貨幣換成外幣。通過這個操作，除了有可能制止本國貨幣的持續下跌，更可以使借錢來沽空本國貨幣的炒家成本增加。所以，當一個國家沒有足夠的外幣去市場干預時，也可以用加息這個方法去處理。

另外，一般來說，當一個國家的貨幣持續貶值，在短期內往往也會引致資金的流出。例如，假設你在安倍剛上任時，買了一套日本的房子，準備長線持有，然後賣出獲利。一年後，你聽到安倍計劃進行經濟改革，將大幅度使日圓貶值。須知道當你將房子賣出後，你取回的是日圓，而你需要將日圓再換成港元所得，才是真正獲利。所以如果房價沒有太大上落，但預計明年日圓匯率會跌一半，當你明年賣出房子，你雖然獲得同樣數額的日圓，但因為日圓貶值了，所以經過兌換後只能得到今年售出的一半港元。如此類推，如果很多人預期明年貨幣持續下跌，他們就會儘早在今年將資產賣出，然後再將資金撤走。

因此可以明白，當一個國家貨幣貶值，便有機會影響到投資，以及引至資金大量流出。明白了上述道理，我們可以繼續探討一下，有甚麼方法制止貨幣貶值及資金流出。

其實還一個最簡單的方法。這個方法既粗暴又直接，簡直就是武術中的至高境界，一劍封喉——

就是進行外匯管制，不允許市民兌換貨幣及禁止將外幣匯出這個國家。

通過執行這些非市場層面的措施，便可立即舒緩貨幣貶值的壓力。

龔同學：「老師，根據教科書的說法，這些措施都會影響自由市場運作，尤其是你最後提到的限制外匯流出的這個政策。執行這些措施會引起眾多問題，萬萬不可啊。」

James：「其實發達國家執行的很多政策都會影響市場運作，只是他們做的時候，沒有去批評自己。但其他發展中國家做的時候，他們大加批評罷了。對於這些雙重標準的情況，同學需要留意。」

龔同學：「老師，你有沒有搞錯啊？西方國家非常重視自由市場運作原則，怎會隨便更改呢？」

James：「其實發達國家很多時候他們也會干預自己的匯率，去配合本國政策，所以也會干預市場。以日本為例，安倍晉三接管政府後的低匯率政策就是積極干預的後果。而西方其他發達國家為何能夠一直保持高匯率，也是他們緊盯着市場，有需要時，也會積極干預，才可以使其貨幣不會出現大跌呀。」

龔同學：「但西方國家推崇自由市場及不干預政策，又怎會進行外匯管制啊？」

James：「事實上，當西方國家出現問題時，他們也會進行外匯管制。例如 2009 年，希臘爆出債務危機，希臘政府甚至推出資本管制的相關政策。不單止限制外匯由希臘流出，甚至限制市民於銀行的提款額，同時亦限制信用卡交易。」

龔同學：「老師，我不太了解希臘 2009 年債務危機這件事。但我相信這件事應該不太重要吧。因為如果很重要的話，教科書一定會拿它出來做例子啊。我看教科書都沒有提這件事。」

James：「所以這個正是盲點。很多人以為教科書是公正及中立的，但現實上教科書一直是傾向西方國家的政策。對他們有利的，教科書一定會提出來作為例子。但對他們不利的，便乾脆提也不提。這個也是很多人被洗腦的原因。我建議所有讀經濟學的同學，不能只看教科書，也要多看新聞，了解有沒有矛盾之處。而且也要養成思考的習慣，才不易受別人甚至教科書的誤導。」

龔同學：「不是吧？老師你是指教科書是錯的？」

James：「我們學習時，應該保持科學的態度。是其是，非其非。一切要看證據為准，不應該因為教科書寫的理論，而去漠視現實狀況。需要明白教科書也是人寫的，所以也會有偏頗。如果求知識的時候，只是選擇盲目相信，而不理會客觀證據，便會變成了宗教。『經濟學』便會變成了『經濟教』。」

龔同學：「老師，你的說法完全顛覆了我的思維及三觀。」

James：「關於教科書的問題，我會在以後再解釋。我們現在先回到 1997 的亞洲金融風暴。」

當時亞洲有很多發展中國家，都受到國際炒家的金融突襲。炒家們往往會通過當地已經串聯好的媒體，一起配合，放出市場風聲，説這個國家有各種各樣的經濟問題。然後國際投機者便會對其匯率進行攻擊。主要手法是通過對發展中國家的當地貨幣進行沽空，然後在媒體上製造恐慌。

讀者們需要明白，在過程中為甚麼需要媒體配合，原因就是因為國際炒家們想製造一個「自我實現預言」的狀況。

在這裏解釋一下甚麼是「自我實現預言」（Self-fulfilling prophecy）。

這個聽起來非常神秘，但簡單來說，就是指有人提出一個預言以後，這個預言居然能夠自動實現，而在最後出現與預言一模一樣的結果。

能夠達到這個效果，不必是托爾金（J. R. R. Tolkien）《魔戒》小說系列中的巫師甘道夫，而是只需要懂得一些心理學便可以。

例如有一個醫生拿錯了醫學報告，錯誤地對一個身體健康的「病人」說他快死了。如果這個「病人」相信醫生的話，便會整天擔驚受怕，每天生活在惶恐之中，他的心臟必定長期受到負荷，可能不久真是死於心臟病。

而對一個國家的匯率來說，「自我實現預言」又是如何實現的呢？

這個便不能靠甘道夫，而需要靠媒體了。

一般來說，如果一個國家的市民能夠隨時將自己國家的貨幣兌換成外幣，那麼他們便可以選擇自己的資產到底是以本國貨幣的形式，還是以外幣的形式作為儲存。因此如果市民們認為自己國家的貨幣會貶值很多，而另外一個國家的貨幣是不會貶值，他們便會傾向將自己的資產轉換成另外一個國家的貨幣，以避免貶值風險。

想像以下的狀況：

「你是生活在泰國的商人，你可以隨時將你的泰銖換成美元。剛剛開始時，你看到外國媒體出了一份研究報告，說泰銖在未來會出現大幅度下跌。而你對這個所謂的預言一開始不屑一顧。

過了幾天，雖然泰銖相對美元貶值了一些，但由於你每天生活都使用泰銖，而且泰銖只是輕微跌了一些，所以你及大部分市民都不會理會。

但隨後泰銖的匯率真是慢慢下跌，因此政府便出來安撫市民，說會干預匯率，使泰銖不會再跌下去。但有一天泰銖突然暴跌，而很多媒體忽然也一起報導：因為泰國經濟出現種種問題，現在已經引來國際炒家攻擊，所以泰銖在未來有很大機會出現大幅度貶值。甚至你的朋友也揚言，怕泰銖再跌，所以已將自己資產的泰銖換成美元來儲存。而隨着愈來愈多的人

去銀行將泰銖換成美元，市場上的泰銖便愈來愈多，美元則愈來愈少。因此泰銖貶值的預言便隨着市民的行為，逐漸自我實現。」

整件事件中的預言，其實就是受外國控制的媒體所進行的心理戰。而隨着泰銖愈來愈弱，而美元持續走強，很多人也會去換美元。因此泰銖便愈來愈貶值，而大家則對政府愈來愈沒有信心，爭相去換美元。最後，在驚慌無助之下，很多人也會跟其他人一樣去銀行，將自己的資產換成美元。

這番操作之下，外國的金融炒家集團便可以通過媒體，兵不血刃將一個國家的匯率打殘。這個與充滿硝煙的戰場不同，使用的武器主要是媒體宣傳，形式則是心理戰。但大戰的結果和真正的戰爭一模一樣，殺傷力都是極大的。而輸的一方，也像戰爭一樣，需要變成奴隸，被劫掠之餘，更要為奴為婢。

很多人誤以為侵略者通過戰爭摧毀其他國家，奪取奴隸，這些只是發生在古代不文明的時期。但實際上，這些事一直發生，而只是換了形式及包裝。

古代戰爭時，戰敗的國家，他們的社會都會飽受摧殘，民不聊生。而戰勝者會用皮鞭，強迫戰敗國的人民作為奴隸去為勝利者服務。滄海桑田，但本質依舊，古代的蠻族侵略者已經變成了西裝革履的國際炒家，皮鞭則由金融所代替。而本質上，對戰敗國人民的迫害及剝削，這種做法一直就沒有停過。

這個世界上幾千年以來的叢林法則，一直如是，只是手法不一樣而已。

★ 2.2
金融風暴對我們的生活有何影響？

　　當一個國家被國際炒家集團盯上，一場沒有硝煙的戰爭便靜靜開打。在炒家兵團準備攻擊，磨刀霍霍之時，他們首先會借入這個國家的貨幣進行沽空。同一時間他們會在這個受攻擊的國家，找一些願意和他們合作的媒體。然後通過媒體的宣傳，對這個國家進行心理戰。一旦開始了攻擊，就算這些國家沒有即時的經濟及金融風險，但通過媒體的不斷宣傳，也會弄至市民人心惶惶。當市民對政府政策失去了信心，這個就好像動畫片上的滾雪球一樣，雪球在地心吸力的吸引下，會向下自然滾動，愈滾愈大。而市民為了自保，想將自己的損失減到最少，很多人都會爭相拋棄自己本國的貨幣，再購入外國的貨幣。因此計畫一經啟動，貨幣貶值的自我實現預言，便會隨着市民的行動而出現，而且愈演愈烈。

　　這個時候就算政府出來解釋也沒有作用，因為趨勢已成。而他們面對的不光只是外國炒家的攻擊，而更包括自己國家的國民為了自保，而投向了敵方陣營的連鎖效應。而政府如果發覺解釋沒有用的話，他們只能採取干預措施，而金融大戰便會開始。

　　假如政府甚麼事都不做，放任情況繼續下去，這個國家的匯率便會大幅度下跌，即是其貨幣愈來愈不值錢。後果就是上一章提過的問題，例

貼地經濟學 ── 當理論背離現狀時的避險課

070

如：通脹增加、入口及相關行業崩潰，而資產及國家資源會被外國大量購買而外流。伴隨而來的更包括資金外流、投資減少、資產價格下跌、失業率上升等等衍生出來的問題。這些都深度影響民生，因此覆巢之下無完卵，就算普通市民也不能倖免。

還有一個衍生出來的問題，就是很多發展中國家，他們在國家建設的過程中借了很多外債。而償還這些外債的本金及利息，都是需要使用外幣。因此假如這些國家出現嚴重的貨幣貶值，則他們國家今年的政府收入，由於貨幣貶值的緣故，如果轉換成外幣的話，則只能兌換到很少的外幣。所以他們需要從國家收入中撥出更大量的款項，去兌換成外幣，然後才能夠還外債。這個會令到國家的財政開支大量增加，而因為如此，國家便只能在其他方面減省開支，例如削減教育支出，政府投資等等。

因此一個國家如果受國際炒家攻擊，而出現貨幣貶值的情況，就算你沒有打算去外國旅行，也不打算買外國的產品，也必定會因為貨幣貶值而衍生出來的問題而受害。無人能夠倖免。所以金融戰爭之下的貨幣貶值，不單止沒有教科書上所說的好處，反而有機會令一個國家經濟崩潰。

而如果政府選擇對抗，則他們可以好像之前所說的，通過在市場拋售他們所儲存的外幣，再買入他們自己國家的貨幣，以穩定匯率。但這裏有一個前提：就是這個國家必須有足夠的外匯儲備，以供在市場拋售。但畢竟因為一個國家只能印自己國家的貨幣，而不能印外幣。面對持久的消耗戰，外匯儲備始終有消耗完的一天。

因此如果一個國家的外匯儲備已經消耗得七七八八，已經沒有很多外幣可供拋售的時候，便需要考慮用其他手段。這個時候很多國家會選擇用加息去遏止貨幣貶值。加息可以吸引更多市民停止將自己的貨幣換成外幣，而將自己的貨幣繼續存在銀行。加息也會吸引到其他人，兌換這個國家的貨幣來賺取更多利息。而且這個操作，可同時加重國際炒家的資金成本，令他們攻擊的難度大增。

但每個方法都有利有弊。加息的弊端，就在於會影響到投資市場。很多投資人會因為利息的增加而放棄投資。另外，加息也會對股票市場帶來直接的衝擊，令股市大跌。

如果一個政府採取加息去遏止貨幣貶值，對市民大眾來說，也是會帶來很多傷害。

而如果一個國家發覺加息已經加得太離譜，不能再繼續加下去，而他們又沒有外匯儲備可供拋售的話，他們便有機會考慮進行外匯管制。這是最致命的方法，政府會限制貨幣的跨境轉移，並限制在境內進行貨幣兌換。

這個做法對市民的影響最大，因為市民不能將外幣匯出。所以如果一個地方進行外匯管制，所有海外傭工也不可以將自己的薪金匯回到自己國家去供養自己的子女。香港有逾 30 多萬的外國傭工，一旦外匯管制發生在香港，說不定會有很多來自菲律賓或印尼等地的外籍傭工會立即離港。到時香港人只能過着沒有工人姐姐的生活，一想到這個情景，相信不少香港的家庭主婦都已經膽戰心驚……

但外匯管制始終不是一個治本的方法。正如俗語所云，乃「斬腳趾避沙蟲」。因為這措施會嚴重影響國際貿易及投資。而且充其量只能限制在自己國家內不能夠自由兌換，卻無法限制其他國家進行的外幣兌換，所以這個國家的貨幣在其他的國家中的匯率也可能會繼續貶值。而很多時，一旦一個國家進行外匯管制，外國投資者都會被嚇得雞飛狗跳，很多人會立即撤資，以後再也不會來這個國家投資了。

國際炒家集團

龔同學：「老師，你老是說亞洲國家受國際炒家的攻擊。這個是否你想像的呢？因為我看教科書及很多美國政府的報告，他們都沒有這樣說，而只是說這些亞洲國家本身經濟結構有問題啊。」

James：「教科書沒有提，不代表沒有發生呀。因為教科書也不能把所有

東西寫入去，而且他們在選例子時，是經過悉心挑選的，對西方經濟學不利的言論都不會寫。」

龔同學：「雖然老師你平時都說得好有道理，但我還是相信教科書以及政府的報告，因為這些都是最權威的。」

James：「既然同學認為政府報告是最權威的，妳看過了美國政府的報告，我們現在去看一下泰國官方又如何評價。」

1997 的金融風暴曾經對泰國經濟產生災難性效果。看看後頁這張圖，可以看到泰國泰銖的匯率對美元在 1997 年以前一直在 0.04 區間徘徊，而在金融風暴發生後，居然在 1998 年災難性地跌到 0.019 附近水平。即由金融風暴之前 25 泰銖可以換 1 美元，到金融風暴之後，是 52 泰銖才能換到 1 美元。而泰國股市更加出現暴跌，全國百業蕭條，經濟困頓，泰國人民苦不堪言。

為了讓讀者更好地了解當時情況，我們看看泰國中央銀行 Bank of Thailand（BOT）對當年金融風暴的評價。而由於這個亞洲金融風暴對泰國影響極大，因此泰國央行更特別設有一個網頁，專門討論這場「冬蔭功危機」。[1]

在泰國中央銀行的網頁的危機的來源這個部分的第六點，明確指出國際炒家對泰銖當年的攻擊。筆者用機器翻譯，然後直接引用如下：

「長期的經濟問題為外國投資者投機及攻擊泰銖創造了機會。這些大型機構投資者籌集資金並創立了量子基金（由喬治．索羅斯管理的世界知名基金）去投機或攻擊貨幣。包括國內和國際商業銀行在內的其他投資者也對泰銖進行投機。

---

1 https://www.bot.or.th/en/our-roles/special-measures/Tom-Yum-Kung-lesson.html

金融風暴發生後，泰銖暴跌，
人民苦不堪言。

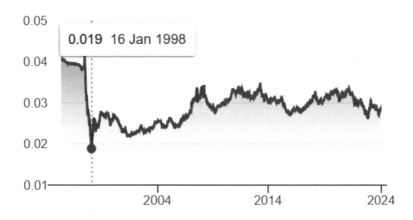

貼地經濟學——當理論背離現狀時的避險課

在攻擊泰銖時，投資者將重點放在破壞泰銖的信譽上，透過關注脆弱的經濟基本面（經常帳赤字過多，以及相對於國際儲備的短期債務水平較高）來製造貨幣貶值的謠言。一旦市場相信這些謠言，就會導致大量拋售泰銖以換取美元。

因此，泰國央行不得不動用價值 240 億美元的國際儲備（佔國際儲備總額的三分之二）來干預市場並捍衛泰銖的價值。最終，國際儲備只剩下 28.5 億美元，與 1996 年的 387 億美元相比，這是極低的。

最終，1997 年 7 月 2 日，泰國央行宣布泰銖浮動，標誌着泰國現代經濟最嚴重危機的第一天。」

泰國中央銀行所說的，正就是之前筆者所解釋的一模一樣。另外需要留意的是，泰國中央銀行的文章中，直接寫上當時國際炒家集團的領軍人物索羅斯的名字，甚至點名他的對沖基金名稱，所以這個真的是非常直白，也證明到國際炒家難以開脫的關係。

一個國家被國際炒家集團攻擊匯率後，不單止這些炒家能通過沽空貨幣而獲利，而且由於這些國家貨幣大幅貶值，更會吸引發達國家的其他財團也趕來搶購平價資產。因此很多發展中國家經歷金融危機之後，其大量資產都會外流去發達國家。對此，很多西方國家的財團都能分一杯羹，在發展中國家遭受災難時而得益。西方發達國家的政府對這些金融攻擊也不聞不問；甚至有時更會轉移視線，責備這些發展中國家，說他們管理國家不善，以及經濟結構不完善，所以才會招來攻擊。

因此在國際政治叢林法則之下，有時很多發展中國家的人民被害了，還要被人在身上踏多一腳，惡意批評。而對於這些生活在發展中國家的人民，我們只能扼腕嘆息。

回想古代，這個就好比西方國家有一些海盜專門出外打家劫舍，而當西方國家的海盜去掠奪其他國家的人民時，西方國家的政府反而會說，你為甚麼會被海盜攻擊，就是因為你們自己做得不好，才引來海盜啊。

泰國中央銀行有專門討論 1997 年
金融危機的網頁。

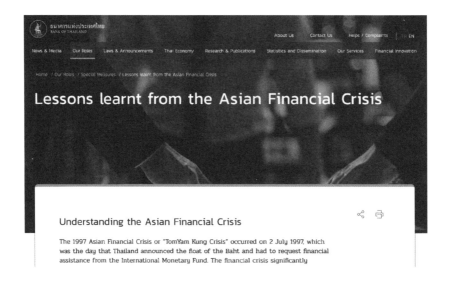

貼地經濟學——當理論背離現狀時的避險課

泰國中央銀行關於金融危機的網頁，明確指出國際炒家對泰銖當年的攻擊。

其實以上不是比喻，而是鐵一般實實在在的歷史。因為當年很多西方國家，就曾發出私掠許可證（Letter of Marque and Reprisal）給很多海盜，給他們牌照去劫掠其他國家。而這些海盜，劫掠得來的贓物，也需要和各個政府分贓。

例如英國的伊麗莎白女王一世不單止允許這些盜劫行為，更開心地和他們一起分享賊贓。伊麗莎白女王更養了一班叫做海狗（Sea Dogs）的海盜專門用來攻擊掠奪其他國家。其中包括大名鼎鼎的約翰霍金斯爵士（Sir John Hawkins, 1532-1595）和弗朗西斯德雷克爵士（Sir Francis Drake, 1540-1596）。殺人越貨也能夠被封為爵士，這種國家與劫掠盜賊一家親的溫馨場面，造就了只有在西方才能出現的古惑仔勵志故事。

後面第二幅圖是英國弗朗西斯．德雷克爵士（Sir Francis Drake, 1540-1596）襲擊及搶劫西班牙船的圖畫。

那麼其他西方國家又如何呢？

很多都是一樣，當時很多西方國家都是國家與盜匪一家親。直至1856 年，七個歐洲國家簽署了《巴黎宣言》，才決定放棄私掠行為，另外45 個國家也最終加入了其中。但美國不是該聲明的簽署國，而令人震驚的是現在的美國憲法第一條第八節第十一款（Article I, Section 8, Clause 11）居然還清楚列明美國的國會擁有權力去：

「…宣戰，授予私掠許可證和報復許可證。」

很多人不知道的是，簽發私掠許可證原來一直是美國國會的權力之一。而且這些還寫入該國的法制基石，國家的最高憲法之中。

2　　https://constitution.congress.gov/browse/essay/artI-S8-C11-3/
ALDE_00013589/#:~:text=Article%20I%2C%20Section%208%2C%20
Clause,Land%20and%20Water%3B%20.%20.%20.&text=The%20
Articles%20of%20Confederation%20vested,foreign%20relations%20in%20
the%20Congress.

貼地經濟學 —— 當理論背離現狀時的避險課

古代西方國家曾發出私掠許可證予海盜，恍如發「牌照」去劫掠其他國家。

Letter of Marque

William the Third, by the grace of God, King of England, Scotland, France and Ireland, defender of the faith, &c. To our trusty and well beloved **Capt. Robert Kidd,** commander of the **Adventure Galley** with a crue of 80 men and mounting 30 guns.

Greeting: whereas we are informed, that Capt. Thomas Too, John Ireland, Capt. Thomas Wake, and Capt. William Maze or Mace, and other subjects, natives or inhabitants of New-York, and elsewhere, in our plantations in America, have associated themselves with divers others, wicked and ill-disposed persons, and do, against the law of nations, commit many and great piracies, robberies and depredations on the seas upon the parts of America, and in other parts, to the great hindrance and discouragement of trade and navigation, and to the great danger and hurt of our loving subjects, our allies, and all others, navigating the seas upon their lawful occasions. Now know ye, that we being desirous to prevent the aforesaid mischiefs, and as much as in us lies, to bring the said pirates, freebooters and sea-rovers to justice, have thought fit, and do hereby give

and grant to the said **Robert Kidd,**

(to whom our commissioners for exercising the office of Lord High Admiral of England, have granted a commission as a private man-of-war, bearing date the 11th day of December, 1695,) and unto the commander of the said ship for the time being, and unto the officers, mariners, and others which shall be under your command, full power and authority to apprehend, seize, and take into your custody as well the said Capt. Thomas Too, John Ireland, Capt. Thomas Wake and Capt. Win. Maze or Mace, as all such pirates, free-booters, and searovers, being either our subjects, or of other nations associated with them, which you shall meet with upon the seas or coasts, with all their ships and vessels, and all such merchandizes, money, goods, and wares as shall be found on board, or with them, in case they shall willingly yield themselves: but if they will not yield without fighting, then you are by force to compel them to yield. And we also require you to bring, or cause to be brought, such pirates, freebooters, or sea-rovers, as you shall seize, to a legal trial, to the end they may be proceeded against according to the law in such cases. And we do hereby command all our officers, ministers, and other of our loving subjects whatsoever, to be aiding and assisting to you in the premises. And we do hereby enjoin you to keep an exact journal of your proceedings in execution of the premises, and set down the names of such pirates, and of their officers and company, and the names of such ships and vessels as you shall by virtue of these presents take and seize, and the quantities of arms, ammunition, provision, and lading of such ships, and the true value of the same, as near as you can judge.

In witness whereof, we have caused our great seal of England to be affixed to these presents. Given at our court in Kensington, the 26th day of January, 1695, in the 7th year of our reign.

英國弗朗西斯・德雷克爵士襲擊及搶劫西班牙船的圖畫。

Drake viewing treasure taken from a Spanish ship

西方政府自古縱容自家的盜賊，甚至發出牌照給他們去殺人越貨，打家劫舍，再分贓，這個鐵一般的歷史正好反映了他們的作為。其實如果明白他們向來一貫的搶掠手法，那麼當然能夠了解這些西方國家，為甚麼在自己國家的金融財團去掠奪其他發展中國家時，「悶聲發大財」的背後原因。

可能有讀者覺得這些西方做法非常的不公義，但畢竟現實上，很多發達國家對發展中國家的做法，向來就是如此。

James：「同學現在都應了解到國際炒家集團在亞洲金融風暴所扮演的角色吧？」

龔同學：「老師這個不能作準啊，因為索羅斯也沒有出口承認，而據我的認知他只是一個商人。而他經常捐助很多非政府組織，所以他更是一個慈善家。我想這些會不會是泰國政府的片面之詞呢？」

James：「同學，此言差矣。為了更好地比喻，教你一個新詞：『鴉片慈善家』。」

龔同學：「老師，這是甚麼？」

James：「鴉片戰爭之後，有很多西方財團來中國參與鴉片貿易，大量傾銷及販賣鴉片毒害中國同胞，弄致很多人家破人亡。這些人靠販毒賺了很多黑心錢，然後又去做慈善，一派善人模樣。你說這些人是好人？還是壞人呢？」

龔同學：「老師你又不是索羅斯，你又怎樣知道他如何說呢？」

James：「同學可以花一些時間，真的去了解索羅斯自己如何評價他自己，自有分曉。」

索羅斯在 1998 年 12 月 20 日出席由著名主持人史蒂夫‧克羅夫特（Steve Kroft）所主持的訪談節目。有興趣的讀者搜尋一下，也可以找到

相關視頻 [3]。

在訪談中，喬治·索羅斯在談到因為泰國、馬來西亞、印尼、日本和俄羅斯的金融崩潰而令他受到多方指責時評論：「我基本上是為了賺錢。我不能、也不會考慮我所做的事情所帶來的社會後果。」

而喬治·索羅斯也曾在該節目中，被問到會否因為不道德的行為而感到內疚，他表示：「我不感到內疚。因為我從事的是一種不道德的活動，這並不意味着與內疚有任何關係。」

美國政府出版局（GPO）通過 GovInfo 向公眾免費提供聯邦政府的官方出版物。而其中也保存了一份叫《喬治·索羅斯無愧疚紀錄》（*THE GUILT-FREE RECORD OF GEORGE SOROS*）的文件。[4] 在這份文件中也列出了索羅斯參與該訪談節目時的談話內容。

可見索羅斯當時的活動，世人皆知。甚至他自己親自上電視節目，對節目主持人説出由他本人一手搞出來的亞洲金融危機的看法，更是非常老實，直認不諱。但想不到的是，雖然今天資訊如此發達，但因為年代久遠，現在很多人都不知道這些事。

據相關學者的一份研究報告，由索羅斯挑起的亞洲金融風暴對亞洲整個地區的不同國家都帶來嚴重經濟損失。[5] 對比 1997 年 6 月份及 1998 年 3 月份，主要亞洲貨幣貶值分別為：印尼貨幣貶值 75%、韓國 41%、馬來西亞 33%、菲律賓 32%、泰國 38%。

而除了匯率，股市也是哀鴻遍野，很多發展中國家的財富，就無端端給蒸發了。按照該份報告的資料，在那短短幾個月中，各國的股票市場均

---

3   https://www.youtube.com/watch?v=e5TGtpWOhGk

4   *Congressional Record, Volume 152 Issue 125 (Friday, September 29, 2006)*. (2006, September 29). https://www.govinfo.gov/content/pkg/CREC-2006-09-29/html/CREC-2006-09-29-pt1-PgE1917.htm

5   https://www.imf.org/external/pubs/ft/wp/1999/wp99138.pdf

出現極大的跌幅。以美元計價計算，印尼跌了 50%、韓國 46%、馬來西亞 79%、菲律賓 31%、泰國 58%。

伴隨着國際炒家的笑逐顏開，所有亞洲股民都損失慘重。而隨着經濟急速轉壞，民生也出現很大影響，很多國家失業率高企、公司破產、治安崩壞、政府下台，觸發政治動盪，令當年很多亞洲國家都換了領導人。

看過當時其他國家悲慘的狀況，香港又如何呢？

血雨腥風的香港金融保衞戰

1997 年，距離現在已經差不多 30 年，很多人的記憶已經非常模糊。但當時其實發生了一場非常激烈的「沒有硝煙的戰爭」。現在將背後過程為讀者們詳細拆解，了解箇中情況後，讀者自會明白，對戰雙方所經歷的一切，與腥風血雨的真實戰場並無差異，過程中驚心動魄。

戰爭目的及意圖：

需要明白，索羅斯為首的西方炒家集團不是千里迢迢來亞洲及香港做善事。在訪談節目中索羅斯已經説得很清楚，他坦白承認他們到處攻擊別國的貨幣，主要目的就是為了賺錢。索羅斯也在訪談節目中直言從來不感到內疚。雖然他也深切知道他從事的是不道德的行為，但他根本沒有任何內疚的想法。

而他們的意圖，就是先沽空一個地方的貨幣，然後如果這個貨幣真的貶值，他們便能夠在低位買入平倉。通過先在高位賣出，然後在低位購入，從而賺取巨額的利益。

而淪陷的地方一旦戰敗，則匯率崩潰、股票大跌、失業率上升、民不聊生、經濟崩壞，甚至引起政治動盪。所以防守的政府，一定要全力抵禦貨幣及金融攻擊，全力保衞一個國家的貨幣的匯率、確保金融及經濟體系不會崩潰。

炒家 VS 香港

陣營	西方炒家集團	香港特別行政區
構成	量子基金（Quantum Group of Funds）、其他炒家及相關金融機構	香港特別行政區財政司、金融管理局、財經事務局
主帥	索羅斯	曾蔭權（時任財政司）
進行時間	1997 年 8 月至 1998 年 10 月	
影響人口	約 650 萬人	
交戰方式	真實的戰場是用不同種類的彈藥作為武器，而金融戰就是用資金作武器。雖然是金融保衛戰，但就像真實戰爭中需要考慮不同方面，例如：戰略、補給、佈陣等等。也要考慮如何爾虞我詐，欺騙敵人，隱蔽地調動軍隊，甚至像現代戰爭中如何進行宣傳及動員。當然也需要考慮如何招攬敵方陣營的人加入自己陣營，也要考慮如何制止自己的人投敵成為偽軍。更要縱橫捭闔，通過宣傳去聯合所有能聯合的人共同抗敵。	

　　以上列出了對戰雙方以及戰爭進行方式，接着讓筆者向各位讀者詳細講述這個風雲激蕩的金融大戰。

金融風暴大搏鬥

　　筆者自小喜歡玩智力遊戲，尤其是戰棋（內地叫兵棋）。幾十年前在香港半島中心有一間叫做「戰棋研究中心」的店，是筆者整天流連的地方。為了在玩遊戲時能夠戰勝別人，所以我也很喜歡閱讀戰爭的書，研究不同的戰法，希望改寫歷史，在遊戲中勝人一籌。

　　但比較一般真實戰爭與金融戰爭，自會發覺金融戰爭更加隱蔽，過程中更難預測對手的下一步。真實戰爭發生的時候，雙方明刀明槍，炮火連天，就算盲的或聾的都知道戰爭正在進行中。但金融戰爭發生時，由於其

性質，很多人都未能察覺，所以很多市民都對整個過程所知不多。

但香港那一次的金融保衛戰仍是一場異常殘酷的金融及貨幣戰爭。在大部分市民都不知道的情況下，香港背後其實經歷著驚濤駭浪。一邊廂是由外國炒家所發動的金融侵略戰爭，另一邊廂則是與其對陣的香港政府，而香港保衛戰則在中環的辦公室中，不為人知地進行。

要明白整件事情，可以參閱香港金融管理局前總裁陳德霖談〈亞洲金融風暴：香港金融穩定保衛戰〉。[6] 以下將參照他所言，再提供額外解釋給各位讀者，讓大家明白當年那場金融戰爭的慘烈。

陳德霖在文章中指出國際炒家的做法，就是建立短倉，在一個地方沽空那個國家的貨幣。而當國際炒家們已經累積了足夠的空倉時，就會通過媒體造勢，即在市場上營做悲觀，甚至恐慌的氣氛。他寫道：

「投機者會通過各種手段和渠道包括傳媒去散播恐慌，藉此擴大對目標貨幣的震盪和壓力，進一步打擊已經脆弱的情緒。一旦目標貨幣崩潰，投機者就可以用很低的價格買入目標貨幣平倉並還貸而獲利。」

這個就是之前所謂的通過傳媒作為武器發動心理戰。心理戰如果一旦發動成功，就會引起連鎖效應，按之前所說的自我實現預言，整個戰況會像滾雪球一樣，情況一發不可收拾。

由於一般來說國際炒家他們是沒有港元的，所以他們的做法是先借入港元，然後在市場沽空。

關於「沽空」，這個需要解釋一下。正常來說，一個人如果想通過買賣交易賺錢，他會先用低價在市場買入貨品，然後做電商或擺個攤甚麼的，宣傳他的貨品。再將貨品用一個比買入價更高的價錢賣出去，以此賺

6　香港金融管理局 . (2019, September 20). 香港金融管理局 · 陳德霖談亞洲金融風暴：香港金融穩定保衛戰 . 香港金融管理局 . https://www.hkma.gov.hk/chi/news-and-media/insight/2019/09/20190911/

取差價。而利潤就是賣出價減買入價。

但是金融市場，如果進行沽空的話，就是指市場的人可以先賣出他的東西，然後再遲一些買回來。需要明白「沽空」這個交易模式也需要完成兩個動作：即「買」及「賣」。其實不管是正常的買賣，或者是沽空的買賣，都要完成這兩個動作，方能完成整個交易。因此如果是正常的買賣交易，你要先買了貨，再要後來賣出，才可以完成交易。而如果你是沽空，即先賣出了貨，則你需要後來買入，方能結束整個交易。

另外普及一下「建倉」及「平倉」的概念，「建倉」是指，你開始了交易的第一步，即你進行了正常交易的「買」或者沽空交易的「賣」的其中之一個動作。一般來說，如果你開啟交易時是先做買的動作（即正常買賣）我們一般叫建立「長倉」。而如果你是做沽空交易的，即你開啟交易時是先做賣的動作，這個我們叫建立「短倉」。

「平倉」則指你為了結束交易，執行交易的第二步動作。所以如果你之前已經建立了長倉，現在則需要賣出去平倉。相反來說，如果你曾經建立了短倉，則你需要買入去平倉。

需要留意沽空這個有別於一般的正常買賣，因為一般的正常買賣是先買了貨，後來才可以賣出。而沽空則剛剛相反，是先賣出，然後再買回來。但沽空計算利潤的方法也是和正常買賣一樣，即沽空的賣出價減買入價便是利潤。因此如果先賣出的價錢是高於後來買入的價格，便能夠賺錢。相反來說，如果先賣出的價錢是低於後來買入的價錢，則在交易中輸錢。

所以大家便明白，為甚麼國際炒家在沽空港元後，需要通過媒體去製造恐慌。原因就是他們在港元匯率高企時先沽出港元，然後希望製造一個自我實現預言，使到港元匯率真是下跌，那麼他們便能夠在低位買入港元去完成整個交易（即平倉），去賺取差價。

貼地經濟學——當理論背離現狀時的避險課

兵馬未動 糧草先行

在進行攻擊前，當然首先要準備足夠的彈藥武器。以金融戰來說，即是準備資金。

在國際炒家積極準備攻擊的這段時間，也一直見到外資銀行的身影。按陳德霖所回憶：**「由於這類對沖基金無法從當地的主要銀行直接取得足夠的信貸額，所以他們大多借助那些樂於與他們打交道（至少在 1990 年代是如此）的投資銀行或外資銀行，並隱身其後。」**

從以上表述，可以看到投資銀行及外資銀行配合國際炒家對港元的攻擊。西方金融集團聯合起來攻擊香港聯繫匯率的計畫躍然紙上。

當糧草準備好後，金融戰爭也隨即開始。

當時香港金管局也有應對策略，時任總裁任志剛主要執行的政策是：買入在市場炒家拋售出來的港元，同時儘量限制多餘的港元在市場出現，做法就是收緊向香港銀行發放的貸款。希望通過以上的政策，令國際炒家難以在市場上借到港元，就算借到的話，也因為利息的增加而需要增加成本，藉此希望炒家們放棄借港元去沽空。但這個政策的缺點就是會令到利率上升。

而當時香港政府遇到攻擊，香港金管局的任志剛都是用這一招式對抗，因此便有人稱這些政策為「任一招」。

首輪攻防戰在 1997 年 8 月進行，由於港元不停受攻擊，所以港元利率持續上升。

而在 10 月 23 日，隔夜港元銀行同業拆息（Overnight HIBOR）更升至瘋狂的、不可思議的 300%（300 厘）。

重複一次，沒有寫錯，排版也沒有錯，利率居然是 300%。想像一下，平時如果利率是有 6%、7%，已經會有很多人將本金放在銀行賺取

利息。如果有 10% 已經非常之好了。但當時是前不見古人，後不見來者的 300%！

再解釋一下，隔夜的銀行同業拆息這個一般來説，與市民沒有直接的關係，因為這個是銀行互相之間借貸的利率。但由於市民的貸款大多是經銀行借來的，因此如果銀行同業拆息升高，也有機會間接影響到大眾。所以可以通過觀察銀行同業拆息這個指標去審視市場上借錢是否容易，利息是否高企。當然，這個 300% 真是高得離譜，所以也反映了當時借錢是非常困難。

隨着利率的急升，港元貶值的壓力自然得以緩解，然而亦嚴重影響了香港的經濟及金融系統。這個匪夷所思的高利息，正道出了當時金融戰爭的危急狀況。

短暫的和平

由於借貸成本的增加，國際炒家迫不得已停止了攻擊。雙方暫時休兵，隔夜拆息也隨之回落，但之後的香港利息一直遠高於以前受國際炒家攻擊前的水平。而非常影響民生的樓宇按揭貸款的利息也隨之上升。因此，那時有很多人供不起樓，走投無路下，物業遭銀行拍賣（即變成銀主盤），自己則欠了一屁股債，最慘的還要露宿街頭，所有供樓的市民皆苦不堪言。

樓價在一年內，已經由 1997 年的高位自由落體般下跌，跌幅接近50%。

同期的股票市場也大跌，由於每個人都損手破財，當時很多人已經止損離場。因此香港股票的成交量由 1997 年每日平均 150 億港元，慢慢下降到 1998 年 7 月的 40 億港元，成交量大減 70%。股票基本上是無人問津，金融從業員也很多人失業，投資萎縮，市場上充斥悲觀氣氛。

惟另一方面，香港恒生指數的期貨市場未平倉合約數卻慢慢增加，由

1997 年底的 59,000 張，增至 1998 年 7 月底的 98,000 張。

期貨市場是股票市場的延伸，正常來說，期貨市場有很多功能，例如用來給有需要的用家作對沖、讓投資者作非現貨的投資、或讓投機者作杠杆的買賣。所謂杠杆即是靠借貸，使到自己能操控更多倉位，從而掌控更多籌碼。

當時情況是，現貨成交跌了 70%，期貨卻增加了 66%，這個情況實在非常詭異。

而這個奇怪現象的背後，正是醞釀着一個重大陰謀。國際炒家正在調配資金，準備下一場更大型的戰役……

揭開戰爭的迷霧，當時這個異常的原因，就是國際炒家們看准了我們政策的漏洞。因為按上一次戰役的結果，由於香港要維持聯繫匯率，所以會千方百計捍衛港元匯價。隨之而來的，就是任一招之下的利率上升，而飆升的利率則會再引致股票市場下跌。

了解這個漏洞的國際炒家當然不會放棄任何賺錢機會，所以他們除了沽空港元，也同時在股票及期貨市場進行沽空，希望雙管齊下，兩頭獲利。

所以這一套組合拳，堪稱金融戰爭中的「火燒連環船」。一個經濟體的不同市場，其實不像教科書上說的那麼簡單，外匯市場及股票市場不是完全獨立的，而是兩者環環相扣。火隨風勢，火可以從一條船燒到另外一條船；同樣道理，外匯市場的博弈也會引致股票市場的下跌。

這個做法，對香港政府來說是非常被動的。因為兵家的一個大忌，就是自己不能決定如何進行戰爭，而是被敵人決定在甚麼時候、以甚麼形式交戰。如此敵人便能夠預先做好準備，獲得先機；反之，自己則只能被動捱打。

國際炒家知道香港為了維持聯繫匯率，一定要救，而香港政府救匯率又會扯高利率，引致股票下跌。這個對國際炒家來說真是一着妙棋，能夠

「攻其必救」，再「圍點打援」，完全控制了戰場的主動權。

而香港政府則左右為難，救也不是，不救也不是。

情況非常之兇險……

戰事重啟

在對香港股票期貨市場的沽空工作完成之後，1998 年 8 月，國際炒家便開始大量拋售港元。新一場金融戰役立即開打。國際炒家的策略就是希望香港政府在阻止港元匯率的跌勢時，會像以前一樣，令香港的利率大幅提高，再引來股票市場的下跌。那麼他們便可以在股票市場低位平倉獲利。

但今次金管局突然改變策略，主動在市場拋售美元換港元。通過這個操作，市場上緊缺的美元得到舒緩，而多出來的港元就被抽走。因此匯率沒有大波動，而利息也沒有顯著飆升。這個操作立即打亂了國際炒家的陣勢。

由於金管局改變了策略，因此戰爭沒有朝着國際炒家預期的方向進行。香港在這一波攻擊中，繼續堅守着陣地。

至此香港已成功阻擋了國際炒家的第二波攻擊。但問題是，香港政府所持有的美元不是無限量的，每一次拋售美元，美元儲備就會少一些。因此拋售美元這個策略終究不是長期良策，對此香港政府也像熱鍋上的螞蟻，焦慮萬分。

而另一邊廂，國際炒家那肯善罷甘休，他們便因應政府的行動，通過媒體進行心理戰。他們在市場上散播謠言，說由於香港政府沒有足夠的美元，幾經拋售之後，將難以維持聯繫匯率，所以港元美元聯繫匯率即將脫鈎。

隨着宣傳戰及心理戰的進行，自我實現預言又出現了。有部分市民

因為擔心聯繫匯率難以維持，以及憂慮股票市場崩潰，所以便開始又將港元換成美元，以及將股票賣掉。因此市場形勢立即逆轉，這些市民為了自保，加入賣方陣營，與國際炒家一起大量拋售。情況就如當年抗日戰爭中，漢奸投向敵營做偽軍一樣。

政府方面應接不暇，除了要面對國際炒家的直接打擊，更要面對投敵的偽軍。

一時間股票市場立即下跌至 6544 點。而國際炒家更聲言會將香港恒生指數繼續打下去。他們正期待香港股票市場的崩潰，好讓他們在低位，將之前在高位沽空的股票期貨平倉，賺一大筆。

面對西方金融集團的強烈心理戰攻勢，當時負責香港金融事務的時任財政司司長曾蔭權也站出來澄清，安撫市民大眾說香港金融穩定及聯繫匯率不會脫鉤。他甚至在金融風暴期間，稱呼那些為西方財團故意散播恐慌的金融評論員為「九流分析員」，直接在輿論戰場展開了罵戰。

很多人都忘記了幾十年前發生的這些事了，但老一輩的讀者就算對整件事都記憶模糊，但對「九流分析員」的這個名稱，都應該還記得吧？這個可是 90 年代的共同記憶啊。

但是戰爭當然不能只靠耍嘴皮子，還得看戰場上定勝負。

開闢第二戰場

在第二次世界大戰中，由於盟軍與德國交戰失利，因此西方盟軍一早便已撤出歐洲大陸，而整個歐洲戰場，在 1944 年開始時，則只有蘇聯的紅軍與德軍在東線戰場交戰。為了改變局面，因此盟軍發起行動，在 1944 年 6 月 6 日（即 D-Day）進行諾曼第登陸戰，開闢西線的第二戰場。

而香港金融保衛戰的 D 日，則發生在 1998 年 8 月 14 日。當時香港政府為了擺脫被動捱打的局面，決定開闢新戰場。因此邀約了三間香港證

券商去會面，香港政府決定動用外匯基金去股票市場及期貨市場進行干預，直接面對國際炒家集團，大家一決高下。

由於不能讓敵人收到任何消息，望風而逃。所以整個計畫都是秘密進行。兵不厭詐，這個就像真的像諾曼第登陸戰一樣，在行動前執行了很多嚴格保密的措施。

按陳德霖自述：**「1998 年 8 月 14 日，星期五，政府財經事務局出面臨時邀約香港最大三家證券商的主事人到中環舊中銀大廈的中國會出席早餐會。一進包間，只見到我單人匹馬恭候，那一刻大家滿臉錯愕狐疑的神情。外匯基金一向不涉足股票，故此金管局與香港的證券商並無交往。我請他們喝完杯中的咖啡，請他們關掉手機，然後將他們引領往金管局的辦公室。在承諾嚴守秘密後，我告知他們特區政府已決定入市，在股票和期貨市場反擊雙邊操控，希望他們趕回辦公室，馬上為金管局開立股票和期貨交易帳戶，配合同一天開始的入市行動。」**

事到至此，為了香港 650 萬人福祉，香港政府已經決定和國際炒家放手一搏。

香港政府終於離開防守陣地，主動出擊。情況也令人非常鼓舞，首戰告捷。在香港政府的介入之下，當天香港恒生指數從低位反彈，擺脫跌勢，節節上升。一天之內更升了接近 9%。

由於要對國際炒家發動突然襲擊，不能讓敵人知悉走脫，因此陳德霖曾派人在市場上探聽，看一下市場的人知不知道政府秘密入市干預。但由於保密功夫做到十足，避過了國際炒家的偵察，市場上對政府的行動一無所知。就在當天，待市場收市後，政府才舉行記者招待會，而時任財政司司長曾蔭權、金管局總裁任志剛和財經事務局局長許仕仁向公眾解釋，大家才知道政府入市干預這件事。

陣地戰

之後連續 10 個工作日，雙方你來我往，進行激烈戰鬥。對此，網上也有相關報導。[7] 內容精彩萬分，但是由於篇幅關係，在此未能盡錄，而只能節錄部分內容，再作整理後加上經濟金融的解釋說明之。有興趣的讀者朋友可以自行查閱原文。

而就在這段期間，西方財團也加入「心理戰」的行列。按資料，當時就有外國金融機構高層批評香港外匯儲備不應該用在干預之上。其理由是只要隨便找一些大型美國基金公司，他們所管理的基金總額就超過香港外匯儲備 10 倍之鉅，所以反抗也沒有用。

嘗試翻譯成正常人聽得明白的語言，其言下之意是：敵人想殺你，你就應該躺下來讓他殺，這樣子你及敵人都方便。反正結果都一樣，如果你反抗，對大家都不方便。

這種反抗也徒然的言論，細心想想，實在絕不單純。

第一，香港政府當時所做的目的，就是想維持聯繫匯率及香港的金融穩定。一個外國金融財團的高層突然跑出來，呼籲香港政府放棄抵抗。這個建議不是本末倒置嗎？難道香港政府放棄干預之後，國際炒家們會自動和平撤走，還香港太平乎？

再思考一下，如果香港政府像第二次世界大戰時的駐港英軍一樣，集體向日軍舉手投降，徹底放棄抵抗國際炒家，到時香港的外匯市場及股票市場也必定會崩潰。而當香港恒生指數真是如國際炒家所預期跌至 4,000 點時，這些金融機構所持有的香港股票也會有超級巨額的損失啊。然而西方金融機構當時居然還出來配合炒家，批評港府，所以這是很可疑的。

---

7   侯健美（2018年9月11日）。〈保卫恒指——98香港金融风暴中惊心动魄的10天〉。《北京日报纪事》。取自 https://ie.bjd.com.cn/5b165687a 010550e5ddc0e6a/content/5b16573ae4b02a9fe2d558f9/AP5b97410ee4b0748daa310ede

由此不免令人懷疑這些在香港的西方金融機構也裏應外合，一早配合外國炒家，已經將香港股票的資產全部提前賣出，所以才完全不擔心下跌的風險，甚至很有可能已經加入對香港進行沽空的攻擊。不然又怎會走出來跟港府對着幹呢？

第二，美國基金公司的投資決定，應該是按照經濟及金融分析，判斷有哪些資產適合投資，然後才為基金的客人進行合理投資。而所有公司的投資決定應該是獨立、分離的。另因為每個公司的分析手法都不一樣，所以每間公司的投資策略也都不會一模一樣。但奇怪的是，該外國金融機構高層卻說，這些基金結合起來的錢會多過香港政府的外匯基金規模，所以香港政府的反抗是徒勞的。這種說法，不就表明了這些外國基金是聯合在一起攻擊香港嗎？所以，通過思考其言論，自可明白在亞洲金融風暴之中，西方金融集團或許有配合西方炒家集團，攻擊亞洲各地市場。

為此，香港政府認清形勢後，便主動勸告基金及託管銀行，不要再借出股票給炒家作為沽空的彈藥。香港政府通過招安敵方陣營的人，令敵方彈藥補給立即出現問題，而政府也一直繼續在堅守陣地。

整個戰況就如同陣地戰中，雙方僵持不下。

而在隨後幾日的戰事中，香港政府更出動總動員令，積極動員，除了之前的三間大證券行，還加入很多間中型證券行一起配合操作。

香港政府更多次利用奇兵，出奇制勝，將孫子兵法全部運用出來。

其中一個做法是他們採取了「人盯人」戰術，委派專人緊盯外國炒家的出市代表，一旦發現他們想沽出，便立即接貨，防範未然，將敵人的攻勢扼殺在萌芽之中。

另一方面，他們亦曾為了試探虛實，更有效地評估敵方力量，突然棄守陣地，以待敵人進攻，通過這樣去了解敵方實力。按相關資料，在 8 月 26 日，香港政府一度全面收起所有買盤，乾脆不進行交易，想看一下如果

沒有政府支撐，市場的沽壓有多大。因為當時政府完全退出，在三分鐘內恒生指數跌了 300 點。了解過敵方的能耐以後，政府再入市，在一分鐘將恒指抬升了 290 點。

為了確保在每天辛苦贏回來的陣地，不會在收市前給敵人攻破，所以政府也曾經運用「搭棚」的形式來確保戰果。例如在 8 月 27 日那天，距離收市還有 15 分鐘，香港政府掛出了 15 億港元的香港電信買盤。這個強大的買盤清楚向國際炒家展示，如果他們想壓低股票價格，首先要拋出足夠股票，先將這 15 億港元的買盤全部消化後，才可以繼續沽下去。這個「搭棚」的做法，就如同連營結寨，加強陣地建設，使敵人無機可乘。

政府當時還出了一着奇招，就是截敵後路。這需要解釋一下，就是國際炒家在 8 月初時，由於已經沽空了 8 月份的期指，因此如果他們發覺現在恒生指數不跌反升，他們便會招來損失。所以他們會預計，既然 8 月賺不到錢，不如再等多一個月，看 9 月會否下跌。但問題是，交易所規定他們在 8 月底附近就要將 8 月份的期指合約平倉。所以他們延續戰事的其中一個做法，就是先買入 8 月份的期指去平倉，但同時沽出 9 月份的期指，以將戰爭延長至下個月。

這個對香港政府來説是非常不理想的，因為會將戰爭時間拖長。所以政府其中一個打法就是雙線出擊，對 8 月份的期指盡力拉上去，而對 9 月份的期指則反其道而行，將其壓下去。目的是希望使敵人將 8 月份的期指轉去 9 月份的期指時，由於 9 月份的期指比 8 月份低很多，從而令敵人在轉倉過程中付出更多成本。

這個截敵後路的策略非常成功，迫使國際炒家將 8 月份的沽盤轉至 9 月份時，損失巨額金錢。

最後的決戰

經常玩電子遊戲的朋友，相信會留意到有很多遊戲，在每一個關卡最

後進行大決戰之前，都會有一些短視頻，展示一下怪獸首領大 BOSS。先由怪獸首領説一些話，然後鏡頭一轉返回玩家的正義團隊，然後才開始正式打大決戰。

而在當年的金融大戰的最終一役前，索羅斯旗下量子基金的駐港基金經理斯坦利·德拉肯米勒，居然就像電子遊戲中一樣，走出來公然對香港政府叫陣。

在戰爭的最後階段，看防守的一方能否堅守到最後，成功徹底擊潰侵略者，除了看彈藥、武器及戰術，另一個最重要因素就是軍心及士氣。國際炒家集團當然對此非常了解，因此在戰場連續失利的情況之下，唯有希望靠心理戰，炮製出自我實現預言，冀打垮港府，這時候就需要西方媒體配合。

不知道是否巧合，在港府對國際炒家作出反擊大決戰之前，國際財經主流媒體 CNBC 忽然採訪索羅斯。在訪問中，他宣稱無論香港政府如何干預，量子基金一定會打敗香港政府；並指出量子基金沽空港元及期指，最後將取得勝利。他更認為這個是一個大家都可以獲利的時機，通過利誘，呼籲其他投機者加入他們的行列。

通過直接叫陣，可以看到當時香港政府雖然進行了市場干預，但是還是遵守市場秩序的。反過來，試想像一下，如果有中資金融機構的駐美國代表發表言論説，他們即將擊垮美國的金融制度，你看美國政府會不會容許這種事情發生？相信不必等言論發表，只要美國政府留意到有中資機構進行這些金融操作時，聯邦調查局、美國財政部、司法部及中央情報局等等已經一早採取逮捕行動了。

話説回來，決戰前的形勢非常嚴峻。

以索羅斯為首的國際炒家團隊，計有挾資達 220 億美元的量子基金，以及很多希望藉此撈一筆的投機者作為偽軍配合。另如前文提及，還有很多西方金融財團也或明或暗地支持。這些人互相配合，都準備決戰後，能

貼地經濟學 —— 當理論背離現狀時的避險課

夠在香港的金融廢墟坐地分贓。

筆者一直深入研究中國玄學，而古人向來都有通過觀天象來預測世事的傳統。漢朝董仲舒就提出過「天人感應」之說。認為天能夠通過多種天文現象，預先向人間示警。

在 8 月 28 日決戰當日，香港上空烏雲密佈，甚至香港天文台都發出了雷暴警告。當日天氣極差，密雲黑壓壓的一大片，令人透不過氣。

香港金融市場亦戰雲密佈，整個市場正是處於那種「山雨欲來風滿樓」之勢。港府、市民、國際炒家、西方金融財團，大家都屏息以待，香港金融守衛大決戰開打。

一開始，壞消息就接二連三。首先是俄羅斯政府放棄浮動匯率，而美國股市也重挫 500 點。隨着全球金融市場的崩塌，很多人都為了避險，選擇拋售自己手中的股票。那些本來不願意沽貨的散戶，看到這個危急情景也嚇得心驚膽戰，考慮加入沽售行列，令整個市場沽壓大增。

開局不利，周邊國家的金融市場也相繼大跌，面對這樣的情況，港府當時也只能默默接戰。

而那些負責幫港府做買賣的股票及期貨從業員，身負全港 650 萬人的安危重擔，也在開市後，在市場上跟國際炒家們反覆爭奪。事過境遷，當年參與過這場鬥爭的人，很多都已老去。而這些已經老去的人們，當年就像抗日戰爭中各地戰場的士兵一樣，在市民大眾不知情之下，進行神聖的反侵略戰爭，默默地保護着我們。

當時雙方互有攻守，國際炒家集團為了壓低香港股市，大力沽售香港電信的股票。而當時香港政府便決定將戰場轉去中國電信，因為相對來說，外國炒家比較難借入中國電信的股票作出沽空。所以當時中國電信股票也是一個主戰場。後來國際炒家發現這一點，也立即集結重兵對中國電信的股票進行拋售，將港府拉上去的價格打下來。

雙方反覆來回搏殺，最後到了下午，由於期指結算價已符合了政府的預期，為了節省彈藥，香港政府立即選擇退守。

有見及此，國際炒家也進行了最後的反撲。雙方戰場轉去了當時香港恒生指數最重要的一個股票：滙豐控股。

按在前線作戰的中銀國際證券總經理馮志堅回憶說，他們當天就用了300億港元去穩定滙豐的股價。為了確保有足夠的金錢支援，因此他需要不停打電話跟中銀的姊妹行聯絡，叫他們為中銀證券預留多一些備用額，方便隨時交易。

而他們的交易員則要不停地通過電腦鍵盤輸入買盤資料，確保不停有買盤出來接貨。

我們會戲稱一些喜歡在討論區或群組中經常發表意見的人為「鍵盤戰士」。而當年為我們香港進行金融保衛戰的，正是第一代的鍵盤戰士。不過當年的鍵盤戰士，不是為了抒發己見和別人爭論，而是進行一場神聖的反侵略保衛戰。

戰爭在午後一直在進行，就像戰爭一樣，雙方堅守在陣地上，每一個價位都代表血與汗的爭奪。當國際炒家派出大量沽盤在某一個股票之中，政府的交易員也立即調兵遣將，將兵力配置在這個方向用買盤應對。如同真正的戰爭一樣，要有預備隊，準備對敵人在某一地方的突然攻擊作出反應。

很多地方都相持不下，但相持不下對政府來說就是勝利——能保持價位不跌下去，就是勝利。在對抗對方的攻擊時，面對一波一波沖過來的敵人，當防守者都被打光了，便需要在預備隊中撥第二波人員上來填戰壕。

時間一分一秒地過去，大家都廝殺得筋疲力盡。

時間來到下午四時，隨着港股收市，整個決戰也隨之落幕，勝負結果是……

貼地經濟學——當理論背離現狀時的避險課

香港政府勝利了！

擁有強大國際資金支持的國際基金炒家財團，在西方政府、其他金融機構和媒體的配合下，多年來一直攻擊其他國家的貨幣，每次都大有斬獲。而香港特別行政區政府面對這批有備而來的炒家，還有周邊不利因素的情況之下，居然能夠成功擊退國際炒家。這在當年的亞洲金融風暴中，實屬絕無僅有。

清點戰場

在戰役中，香港政府投放了大量資金。根據資料，在短短 10 個交易日之內，香港政府總共動用了 1,200 億港元。

由於當年港府入市買了很多股票，因此成了很多公司的大股東。港府後來決定退市還富於民，便將之前買回來的股票組成盈富基金，再分批在市場出售。

而香港的人均生產總值由 1997 年的 27,330 美元，在亞洲金融風暴後進入下跌週期，直至 2003 年才觸底反彈。但也要到 2006 年才能夠升越 1997 年的水平。換言之，儘管香港政府在對抗國際炒家上取勝，但也要九年後，經濟才回復到金融風暴前的水平。

因此雖說勝利，但其實是慘勝。九年的經濟發展時間，白白流逝。

而在被國際炒家攻擊後的這九年之間，香港經濟輾轉向下，面對失業率上升、資產價格下跌等等問題，民眾生活苦不堪言。

因此可以想像一下，如果當年香港政府的抵抗失敗而遭到國際炒家洗劫，又或者政府沒有進行干預的話，真不敢想像香港的處境會再差幾多倍。

可是，香港政府的干預引來西方國家齊聲指責，時任美國聯邦儲備局主席格林斯潘更強烈批評。他們都認為香港政府干預市場，嚴重違反自由市場原則。

香港的人均生產總值在經受亞洲
金融風暴的九年之後，才能再次
超越 1997 年的水平。

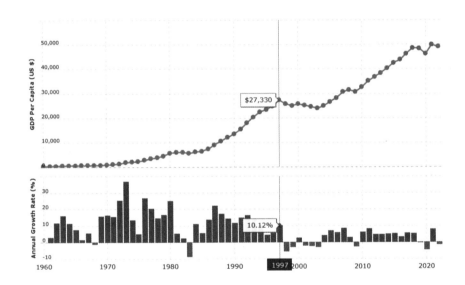

經濟學──當理論背離現狀時的避險課
貼地

對此，時任香港財政司司長曾蔭權曾向公眾解釋：「若政府再不採取行動，股市就會因為被人操控而跌至不合理的水準、利息會持續高企、聯繫匯率不斷受壓，而經濟復蘇更只會遙遙無期。」

亞洲金融風暴雖然過去了很多年，但通過這個事件，讓我們了解到國家匯率的重要性。就算你不去外國旅行，也沒有和外國做生意，然而匯率的崩潰，已足以令一個地方的人民損失慘重，甚至國破家亡。

因此我們要多了解匯率及金融穩定的重要性，亦更加要居安思危，防患於未然。

James：「經過一番解說，希望同學們對香港金融保衛戰的歷史有更深的認識。」

洪同學：「多謝老師解釋，我原來也不知道背後有這麼多事，現在才知道政府當年干預的原因及背後的反侵略之事。」

龔同學：「老師，其實我非常不認同香港政府的做法，因為違反了教科書上說的自由市場原則。政府是不應該干預市場的，因為政府的干預會影響了市場的供需平衡，對社會百害而無一利。」

洪同學：「小芝，這個我就不同意。妳知不知道如果政府不干預，又會出現甚麼後果呢？我們贏了也要受九年的苦，如果我們輸了，妳說會怎樣呢？」

James：「同學們，別爭論了。歷史沒有如果，我們也不知道如果政府沒有干預，又會出現甚麼情況。」

龔同學：「就是嘛，洪同學，你都沒有證據證明干預的好處。但干預的壞處卻在教科書中清楚列明了出來啊！你有空就應該讀多一些書。」

洪同學：「我不是沒有讀書，相反，我是讀了有很多經濟學以外的書。我看到很多東南亞國家在亞洲金融風暴之中敗下陣來，之後民不聊生，衝

擊更甚於香港很多很多。」

James:「關於你們討論的問題，我提供一些資料給你們思考。我們先不談金融戰爭，我們看看上世紀的抗日戰爭。當時中國遭受日本無端侵略，你認為我們應該抵抗嗎？」

洪同學:「當然應該啊。」

龔同學:「雖然我喜愛日本文化，但也認為應該抵抗。」

James:「如果國家遇到武裝侵略時不應該躺平，那在面對金融攻擊時，為甚麼又要躺平呢？」

龔同學:「因為經濟理論指出了政府干預市場的壞處。而且市場根本不需國家的干預，它會自然調節。」

James:「那麼妳認為一個國家在受到武裝攻擊時，組織軍隊作出防衛又是否干預？另外請思考一下，國家是否不應採取任何措施，待敵人將自己國家的經濟系統破壞殆盡後，才空等社會自然調節？」

龔同學:「負責任的政府就不應該干預市場，影響市場運作。」

James:「負責任的政府是一個能為人民解決問題的政府呀。而不是一個甚麼都不幹，只在那裏白出糧的政府。不干預，換另一個說法，就是政府甚麼都沒有做，你想清楚，這個在本質上正是不作為呀。」

龔同學:「我不是說政府甚麼都不幹，政府是需要做事的。例如在失業率上升的情況之下，政府可以通過減息，或者通過投資去提振經濟，將人均生產總值及失業率回復正常水平，這些時候政府就應該出手。」

James:「這說法就有意思了。為甚麼政府需要等待敵人進行金融攻擊，當金融系統崩潰，失業率大升之後，才能採取行動去提振就業呢？另外，為甚麼可以使用公帑去投資促進經濟，增加就業，卻不可以用公帑去保衛金融體系，免遭敵人破壞經濟呢？既然都是去影響市場，為甚麼政府

貼地經濟學——當理論背離現狀時的避險課

一開始不可以做？而要等到事情惡化後才可以做呢？」

龔同學：「這個……不干預市場是一個國際規例，我們都要遵守啊。而且西方國家從來都跟從規定，所以都不會預先干預，而是等出事後才去處理啊。」

James：「同學你有所不知。西方國家是經常干預市場的，就拿近來美國封殺華為及封殺對華晶片貿易的事，你還看不出來嗎？其實在 2007 年金融海嘯發生時，美國政府都像香港一樣入市干預，並曾接管了大型金融機構。如果妳很認真翻查歷史，西方發達國家其實一直也有干預市場。但當其他國家做的時候，他們才橫加批評罷了。」

洪同學：「老師，我覺得很奇怪。這些抵禦外國金融攻擊的經濟政策都非常重要，往往影響到一個國家的人民民生，但為甚麼這些最重要的應對政策卻沒有出現在教科書之上？反而教科書只會提倡不干預政策呢？」

James：「同學，這是一個好問題。我重複多一次，目前西方主流教科書中的理論及提供的案例，確實有很多不足。而大部分的漏洞都是為發達國家及財團謀福利，尤其是金融財團。這個之前已提過，你還記得嗎？」

洪同學：「嗯。」

James：「現在讓我們深挖教科書，看清楚理論背後的真面目。」

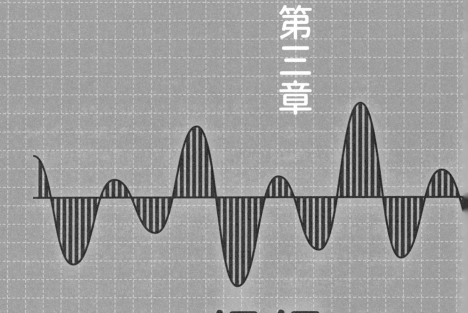

第三章

經濟科沒教的
經濟學

錦囊妙計

一個國家的經濟部長過身了，但一直找不到繼任人選。因此該國總統便決定進行全國公開招聘，從人民之中挑選有能力的人來擔任。入職條件就是要熟讀主流經濟學理論，掌握所有理論及有關公式。

很多人爭相報名，為了更精準地篩選人才幫助國家經濟發展，評審團給應徵者出了一個難題。所有應徵者如果想獲得聘請，需要在一星期之內，將該國的國內生產總值 (GDP) 增加 100 萬，然後需要提供相關證據以作證明。

一個星期增加 100 萬，這個超級難題令很多人退避三舍。一個星期後，只有兩個應徵者脫穎而出。他們一起到了招聘官員的辦公室。

招聘官：「英雄出少年，想不到你們年紀輕輕，居然能在這麼短時間內，為我們國家分別增加了 100 萬的國內生產總值。」

應徵者：「長官，你誇獎了。我們在經濟研究院中是同事，大家都對經濟理論瞭如指掌，因此我們才想到這個方法，大家一起合作。我們兩個都為國家貢獻了 100 萬元。」

招聘官：「非常好，非常好啊。」

應徵者：「這個做法不同一般，但均是經過嚴格經濟理論及公式檢驗。」

招聘官：「兩個人一星期可以賺 200 萬，那麼一年便過億了。如果將你們這個做法推廣開去，我們國家一定會變成世界經濟強國。你們到底是如何做到的呢？」

應徵者：「國內生產總值的其中一個項目就是消費。消費可以是用來購買產品或服務，但這個消費一定是要在市場上進行的交易。」

招聘官：「嗯，然後呢？」

應徵者：「由於時間緊迫，要在一星期內搞 100 萬，這個真的非常不容

貼地經濟學——當理論背離現狀時的避險課

易。我們查過很多資料庫，也曾經嘗試上網尋找有沒有一星期內賺 100 萬的工作。但找不到，所以我們後來上暗網去查找相關信息。」

招聘官：「甚麼？暗網也用上了？」

應徵者：「是的，為了國家，我們嘗試上暗網查找有沒有工作可以一星期賺 100 萬。」

招聘官：「你們不是想幹一些收入高但犯法的勾當，例如販賣毒品，或者提供殺人這些服務吧？這是犯法的啊！」

應徵者：「當然不是。」

招聘官：「如果沒有涉及這些行業，你們又如何能在一星期內賺 200 萬呢？」

應徵者：「按照經濟理論，我要先找一個市場價。而我發覺有一個人在網上貼文，說他願意提供一個特別服務：他願意為了錢，吃下任何不會致命的東西，每次收 4,000 元。另一個人則收 2,000 元，所以我計算了平均價，就是 3,000 元。」

招聘官：「甚麼？」

應徵者：「我們的研究院當時受新冠感染，而我們兩人都剛好患了新冠。我生病時，經常流鼻涕，抹了一大堆紙巾。我當時靈機一觸，所以我和我同事協議，我給他 3,000 元，叫他把我抹過鼻子的紙巾給吃了。」

招聘官：「……」

應徵者：「他當時也是非常抗拒，但經我苦苦解釋，為了國家，他最後也同意了。而為了確認這個是市場的交易，因此我用我公司支票支付了他的服務。而他的公司在收到這筆款項後，也當成他公司的收入。所以你看到我們的做法，是完全按照嚴格的經濟統計制度。過程中沒有任何造假。然後，我也為了國家，吃了他的鼻涕紙巾。而他也通過他的公司轉

回 3,000 元給我。你看一下，我們大家都沒有浪費自己一毛錢，但通過這個簡單的操作，我們便為這個國家貢獻了 6,000 元國內生產總值。」

招聘官：「天呀，不是吧……」

應徵者：「為了國家，我們是非常願意全力貢獻的。我們將這個做法重複做了 334 次，便各自賺取了 100 萬元，同時為國家貢獻了 200 萬元的國內生產總值。所有支票的入賬資料我已經打印好了，給你作為證據。」

招聘官：「……警衛！警衛！快來將這兩個人抓起來！」

貼地經濟學 ── 當理論背離現狀時的避險課

★ 3.1
通貨膨脹是甚麼？
為何收入易減難漲？

　　有別於其他社會科學，經濟學被多數人認為是相對比較客觀的，因為這門學科有很多理論是涉及到相關的公式及計算。

　　需要指出，有很多哲學類及社會科學類的課程，都沒有絕對的對或錯。不同學派有不同的主張、立場。你說你的理論時，就只找支持你的證據；我說我的理論，就只找支持我的證據，各說各話。由於大家都是教授，你贏不了我，我也贏不了你，都說服不了對方。由於沒有對或錯，衍生下去，結果就是一個沒有贏輸的超漫長辯論。

　　例如兩個學者在爭論「究竟聖誕老人的衣服是黃色好看？或是綠色好看？」這些辯論對社會有沒有實際貢獻，坦白來說，我也不知道。但對於需要靠研究這些來支薪的學者來說就不一樣了。

　　好好想一下，一旦辯論分出了個勝負，其中一方證明自己是對的，那麼輸了的一方，其團隊及所有相關教職員，他們如何償還房屋貸款呢？

　　了解這個關鍵，便明白學術界的討論，尤其文科類別的，為甚麼很多都沒完沒了，甚至有一些辯論居然持續了幾百年。畢竟「江山代有才人出，各領工資數十年」，大家也就看開點吧。

相對其他文科科目來說，經濟學課程有更多公式及計算。由於計算時都是用同一條方程式，所以計算出來的結果都理應一模一樣。如果不一樣，唯一原因就是有人弄錯了計算方法，所以有很多人認為經濟學應該是比較客觀的。

但問題是，既然很多經濟學內容都是建基於計算，那為甚麼修習經濟學的人也像其他文科人一樣，整天辯論，吵個不休？

原因在於很多經濟學的理論及其附屬公式，都是以偏概全，充滿問題。如果經濟方程式真的能夠好好模擬現實，而使用方程式時，大家又可以求出同樣結果，那麼這個世界根本就不會有經濟學的爭論，經濟學家也不必辯論，還世界一個清靜。

再深入思考一下，如果經濟學理論本身存在很多問題，為甚麼一直很少有人提及，而且都沒人發覺呢？那些專家學者難道都看不出來嗎？

回答這個問題，先要看看整個學習圈的生態。其實不侷限於經濟學，其他社會科學，甚至自然科學，也一直面對相同的問題。

先看學生。對學生來說，由於大學課程排得滿滿的，學生需要在一個學期內，同時修讀很多門不同的科目。能夠做完所有功課，再面對無止境的測驗及考試，學生們已經耗盡心力，根本沒有時間思考。

而經濟學由於有很多理論公式，一般學生需要掙扎於方程式的背誦及計算，尤其對那些文科的同學來說，沒有不合格已經是萬幸了。所以他們根本沒有時間去留意課本上有甚麼漏洞。

而對教職員來說，很多教授經濟學的老師及學者，為了生活及晉升，需要不停做學術研究，很多的人更要參與校務工作，因此也沒有時間去反思經濟學理論背後的問題。

因此不是理論沒有錯，而是有很多人沒有細心思考而已。所有的錯漏，都是非常容易明白的。但偏偏這些很容易了解的錯漏，放在大家面

前，卻居然很多人都看不出來。

其中一個關鍵，就是大家都覺得教科書的內容是正確的，沒有認真去審視內容。而由於經濟學的理論有漏洞，對於深入了解其漏洞的人，更可以通過這些漏洞去牟利。

我們留待以後再探討學術圈，現在先探討一個對我們息息相關的問題：通貨膨脹。

James:「同學，妳知道甚麼是通貨膨脹嗎？」

龔同學:「當然知道。就是市場上大部分貨品的價格愈來愈高，簡單來說就是物價上升。」

James:「同學答得很好。妳認為通貨膨脹有害嗎？」

龔同學:「這個要視乎通貨膨脹水平，如果是超級通貨膨脹，這個是對國家有嚴重壞處的。」

James:「為甚麼呢？」

龔同學:「如果有超級通貨膨脹，會對市民大眾帶來嚴重的影響。因為百物騰貴會令到市民生活的成本上升，市民的購買力也會下降，民眾生活愈加艱難。」

James:「如果只是一般的通貨膨脹呢？」

龔同學:「這個我不太清楚，因為教科書只是指出超級通貨膨脹會有大問題，但教科書沒有說一般的通貨膨脹會有甚麼問題啊。」

James:「不說明，不代表沒有問題，可能是有心人故意迴避。我們好好研究一下，通貨膨脹如何影響到大家。」

通貨膨脹，簡單來說，就是社會上的物價持續上升。做成這個現象的原因有很多，其中一個，就是社會上有一些大家都買的產品，忽然少了供

應。例如有一些國家的產糧地區遭遇大地震，那麼他們的糧食便會供應不上。這樣的話，糧食價格及其他附屬製品，例如加工食品等的副食品，它們的價格也會上升。

另外，如果供應穩定，但是假如需求大量增加，這個也會導致價格上升。例如國家經濟增長過份強勁，或者政府支出突然間大增。這些也會導致社會上對產品的需求大增，而如果大部分產品的產能沒有跟着增加，產品數量不能夠滿足需求的話，也會引致整個社會的價格上升。

而原材料價格的上升，也會引致通貨膨脹。因為如果原材料價格升高，那麼廠家在成本上升後，很多商家會將部分加幅轉嫁給消費者，所以他們便會提高最後產品的價格，因此這個也會引致價格上升。

石油就是一個很好的例子。有一些產品，例如塑膠製品，它的原材料就是石油，所以如果石油價格上升，這些相關的產品價格也會大升。另外就算原材料不必使用石油，但是產品做出來以後，也得靠運輸送去客戶手上啊。而這個運輸的過程也要用貨車拉貨，這都得用石油呀。另外，很多產品在製作過程中，也需要用電，而發電也得要用石油啊。因此石油價格的上升，自然會導致交通費、電費、材料費的上漲，這些全都會令製造成本增加。而廠家如果想保持利潤，則需要將最後產品的價格調高。因此石油價格的上升也會令到一個地方出現通貨膨脹。

另外，還有一個重要的原因。就是這個國家的貨幣，突然間增多了很多。例如，一個國家的政府入不敷支，在收入不足的情況下，政府去開動印刷機，大量印錢出來花。這個做法會導致大量貨幣湧出市場，使到流通的鈔票量大增，而每張鈔票則愈來愈不值錢。所以商家便會提高商品的價格去應對，這個現象也會引致通脹的出現。

超級通貨膨脹

通脹最直接的後果，就是百物騰貴。由於市民的購買力隨着鈔票的貶

值愈來愈低，用同一份工資，購買到的東西則愈來愈少。這個會引致市民大眾所享受的產品及服務也愈來愈少，進而影響市民生活水平。

而超級通貨膨脹則更嚴重。一般來說，指價格水平，在一個月內上升了至少 50%。如果不幸真的出現超級通貨膨脹，則不單止會影響市民生活質素，更會引致其他意想不到的一系列後果。

現在香港人都沒有經歷過超級通貨膨脹，因此很多人當然不知道其害處。以下舉幾個貼身例子，讓大家身歷其境親身感受一下。

很多人都喜歡飲酒，試想一下，如果你身處的國家出現超級通貨膨脹，你又想要買酒飲，究竟今天飲酒好？還是明天飲酒好呢？

由於商品價錢只會愈來愈貴，今天買到一瓶酒的錢，明天用同樣的錢只能買到大半瓶酒。等多幾天，能買回來的酒可能不夠半瓶。如果等下個月再買，手上的錢可能已連一口酒都買不到，只能買一個酒瓶。那麼當然是今朝有酒今朝醉啊。

而假如你結婚，想辦酒席又如何？

能辦酒席的話，早辦好過遲辦。最好現在嫁出去，否則甚麼嫁妝，酒席呀，以後都變成天文數字了。

因此，處於超級通貨膨脹的社會，一般人是不會存錢等以後才消費。就算聖人如我，也會被培養出今朝有酒今朝醉的性格。

那麼投資者又會如何？

坦白來說，看到這種格局，你還敢投資嗎？

基本上所有外國投資人都會被嚇怕，不敢再在這個國家投資了。因此這個國家的經濟勢必難以發展，更不要指望有人投資了。

那麼資本家下面的打工族，一般員工又會如何呢？

想像一下今天上午公司剛發了工資，你現在立即去買東西，一定會比

到晚上下班後才去商店，可以買得更多。那麼你會如何？當然是立即請假，將手頭的錢全部花光，還等甚麼？所以在超級通貨膨脹的地方，是沒有人願意持有貨幣的，大家只會立即用所有錢來購物。

急着用的東西可以立即買，那麼不太急用的東西，又應該甚麼時候去買呢？

例如減肥後才能穿的衣服——

當然也是現在買啊，不然會蝕錢啊。先買了，收藏起來。以後等自己減肥成功後，才穿啊。

那麼真的是不太有用的東西，又應該甚麼時間買呢？

例如棺材。

這個有一些難度⋯⋯

但經過仔細分析後，最好也是現在買啊，由於貨幣很快會嚴重貶值，管不上有沒有用，先買了再説。

遇着這個情況，為了減少損失，一般市民都會爭相花光手上的錢去搶購物資，人人都在囤積。所以市場會出現很奇怪的供需狀況，大家需要的物品，當然會被搶購。但沒有人需要的居然也會被搶購一空。

假設有一家人，因深怕貨幣貶值，因此不想持有貨幣，所以將所有錢買了一大堆衣服，但現在因為未減肥，全部都不能穿，但如果他們有人突然過身，急需棺材，那麼這家人便有機會拿衣服去跟別人交換棺材。這個時候，貨幣已經不能發揮其作為交易媒介的作用。因為市民已經對貨幣失去了信心，很多人會用以物易物的方式去交易。

遇着超級通貨膨脹，市民除了囤積貨物，還有沒有其他辦法去應對？

天無絕人之路。當然有，就是去換外幣。

因此超級通貨膨脹就會導致到很多人不願持有自己國家的貨幣，一有

機會就去換成其他國家的貨幣來保存。而待有需要的時候，再將外國貨幣換回本國貨幣進行交易。但若全部國民都這樣做，大家都拋售本國貨幣而去買外幣，則會導致當地的貨幣滙價大跌。

有一些國家會因為貨幣大跌而進行外匯管制，遇着這個情況，更會衍生黑市外匯交易。

那麼處在超級通脹國家的小孩子呢？

小孩子們可能比較幸福，不知生活艱難，還有心情玩。由於出現超級通脹的國家，很多玩具的價錢都是天文數字，家長們負擔不起。所以就有歷史照片，見到那些大人將國家的紙鈔捆成一紮紮，給孩子當積木玩。看到這些孩子用一捆捆的錢當作椅子、建房屋，這也真有一些土豪的感覺。

而經歷超級通脹的國家，貨幣貶值嚴重。投資者逃之夭夭，失業率處於極高水平。市民對自己的貨幣沒有信心，大家都積存貨物，再以物易物。一發了工資，大家便爭相去購物，到處商店都有長長的人龍，卻買不到生活需要的物品。街頭上大堆人聚集在一起，進行黑市外幣交易，大部分市場都不能正常運作。這個景象，代表國家快要垮掉了。

James：「同學都明白了超級通脹的影響嗎？」

龔同學：「老師，這些我都在書本上讀過了。」

James：「那麼一般的通脹呢？」

龔同學：「一般的通脹會有問題嗎？這個我都沒有聽說過，反而我看過教科書說，政府在執行刺激經濟政策的時候，很多時候通脹都會上升。所以我認為一般的通脹應該是沒有問題的。」

James：「那麼我們思考一下，通貨膨脹時，對哪些人有好處？對哪些人有壞處？」

龔同學：「我在教科書上讀過。其中一種情形是，那些向銀行借錢的人會

1923 年德國因為超級通脹，出現貨幣貶值，有人用銀紙貼牆做牆紙，比買牆紙更便宜。

經濟學——當理論背離現狀時的避險課
貼地

有好處。因為一個人如果現在向銀行借 100 元，假如利息是 10%，那麼由於通貨膨脹的關係，他明年還錢給銀行的時候，他欠的錢及其利息，即 110 元，已經不那麼值錢了。如果通脹是一倍，那麼明年的 110 元的購買力只等於今年的 55 元。所以說啊，他借錢時的購買力是實打實的 100 元，但翌年還給銀行的貨幣購買力價值只是等於 55 元。這等同於借入一些值錢的鈔票去花，然後歸還一些不值錢的鈔票，所以借錢的人賺了，放款的銀行則虧了。」

James：「那麼現實上又是如何呢？」

龔同學：「老師，現實上不就是這樣嗎？借錢的人賺，銀行虧呀。」

James：「其實教科書提出的這個情況，如果要成立，還需要多考慮兩個因素。第一，是銀行會不會加利息。同學需要明白，銀行不是慈善組織，它是需要賺錢的。如果銀行發現通脹會增加，那麼你認為他們不會把通貨膨脹考慮在內，把借錢的利息訂得更高嗎？第二，如果很多人都怕通貨膨脹而去銀行借錢，由於大家都去銀行搶奪貸款，這時銀行有一大堆客戶，隨着對貸款的需求增加，銀行更有大條道理乘機提高利率。現實中銀行當然會這樣做，所以如果你把這些考慮進去，除非銀行錯判通脹情況，否則根本就不會虧，因此雖然對銀行有影響，但其影響不大。」

龔同學：「老師，那麼教科書是錯在哪裏呢？」

James：「同學，妳還看不出來嗎？就是他們假設銀行會繼續像傻子一樣，只是收正常的利息，而不會因應通脹的情況而增加利息啊。銀行實際上當然不會這麼笨。另外，一般的通貨膨脹，雖然效果不是立刻浮現，但也會對民生有很大影響。」

通貨膨脹與溫水煮蛙

需要明白，一般西方經濟學教科書，只會批評超級通貨膨脹。而對於沒有達到超級通貨膨脹水平的通脹，一般是採取隻眼開、隻眼閉的政策，

有時還會加以鼓勵。

因此，通貨膨脹雖然會對銀行及借錢的人有若干影響，但最受通貨膨脹影響的卻是一般市民大眾，因為他們的購買力會愈來愈低。

雖然處在通貨膨脹的環境，一般市民大眾的工資也會增加。但問題是，一般人的薪酬不是經常能夠調整的。正常來說，也是一年才調整工資一次，如果遇着一些黑心的老闆，則更有機會是幾年都不提升工資，甚或剋扣工資。

由於商家們可以隨時調整市場上的物價，上午加完後，下午再加價也可以。所以就算勞工合約中列明工資是按通脹調整，那麼在通脹環境之下，市民的工資也一定追不上物價的升幅。

而隨着通脹，就算不是超級通脹，而是一般通脹，這其實也會損害大眾的購買力。因此就算你的工資有所增加，也會發現購買力無甚提升。

一般通脹的壞處是沒有超級通脹那麼明顯，其實這是一個溫水煮蛙的過程。一個月沒有感覺，一年沒感覺，但十年下來便會有感覺，到時財富已經被通脹損耗了不少。

另一個被教科書遺忘的社會問題，就是由通貨膨脹衍生出來的社會不平等。

首先要了解通貨膨脹如何影響窮人及富人。

對富人來說，每個月的收入根本花不完。如果富人遇到通貨膨脹，對他們來說根本沒有甚麼影響，無損其生活質素。

而對窮人來說，由於收入低而開支高，很多人都是「月光族」（即每個月賺的錢都花光了，一毛錢都沒有剩下來），這些低收入群體遇到通脹時，根本沒有應對的方法，往往只能節衣縮食。所以我們有時看到貧窮的人，買東西總要花長時間深思熟慮，也沒有經費去栽培小孩子，資源不足下，又會導致這些小孩子以後輸在起跑線上，繼而令他們的下一代繼續貧窮，

結果構成一個惡性循環，即是所謂的「世襲貧窮」。因此，對窮人來說，就算只是一般通脹，都會極度損害其生活質素。

隨着通貨膨脹慢慢惡化，社會的不平等也會慢慢加劇。一兩年內可能察覺不出來，但若任其發展，幾十年後，社會上便會出現極端貧富懸殊的情況。

另一個導致通貨膨脹的主要原因，就是有一些政府由於入不敷支，大開印鈔機。例如第一次世界大戰後的德國（威瑪共和國）政府，以及在二戰後的中國國民政府所控制的城市，都出現過這些情況。由於政府大量印錢，因此手頭持有貨幣的人變成了受害者。隨着政府瘋狂印錢，市民手上的鈔票價值一直下跌，導致購買力暴跌，民不聊生。

同一時間，商人們則巧取豪奪，囤貨居奇，肆意提高商品價格以牟利。這促使了財閥的形成，弄致社會兩大極端。富者極富，貧者極窮。

也因為經濟狀況如此，政府大失民心，所以威瑪共和國和國民政府也相繼垮台。

可見經濟政策乃國家關鍵，不能不慎！

此外，大家需要明白的是，就算現在太平盛世，但有很多國家揮霍慣了，也入不敷支。這些國家也會透過發債券或者直接印銀紙來度日。

其實一個政府如果理財不善而過度借貸，或者靠印銀紙去解決財政問題，是非常不負責任的行為。因為一個好的政府，需要促進當地經濟發展，使人民群眾能夠安居樂業。反之，如果政府因過度揮霍而出現財困，並選擇以印銀紙舒緩財困，這只會令市民大眾的購買力每況愈下。雖然解了政府的燃眉之急，民眾生活卻日益艱難。

這顯然不是正確的解決問題方法，政府只是將問題轉嫁予市民。

而這在本質上可説是政府打劫市民的劫貧濟富行為。但與一般街頭搶劫不同，政府通過印錢去解決財困，這是合法的，而街頭搶劫是違法的。

但殊途同歸，結果是市民的財富愈來愈縮水。

這個政府將問題轉嫁給市民的做法，實在非常不合理。可惜很多國家也有這個情況，而政府開支龐大，政府工作人員收入不合理地高。政府卻沒有嘗試緊縮開支，反而市民需要節衣縮食。而且之前提過，這些通貨膨脹引致的負擔，對富人來說輕於鴻毛，對窮人來說則重如泰山。最貧苦的階層反而需要承受最沉重的負擔，甚至出現「世襲貧窮」。

這些社會現象，不止出現在發展中國家，其實在很多發達國家都是這樣，情況令人扼腕興嗟。

James：「同學現在都明白了通貨膨脹所帶來的害處吧？」

龔同學：「老師，這又為社會帶來甚麼問題呢？」

James：「通貨膨脹對有錢人沒有太大影響，但對一般人來說是財富被剝奪，所以就算是一般的通脹，其實最好也不應該有，因為會衍生出社會不平等的問題。退一步想，為甚麼一定要有通脹呢？同學可以好好考慮一下。」

龔同學：「其實現在很多國家也有通脹啊，大家都習以為常，每個地方的經濟不是都運行得很好嗎？」

James：「不合理的東西，大家居然習以為常，這正是我一直以來所提出的問題所在。雖然很多地方都執行這些政策，但卻忽略了這些政策本身的內在問題。其實再深入思考一下，通貨膨脹是否應該一定要讓其出現呢？有沒有可能沒有通脹，社會依然能夠有強勁的經濟發展呢？」

龔同學：「一個社會沒有通脹，不會出現問題嗎？」

James：「社會沒有通脹，當然沒有問題，而且還有很多好處啊。」

沒有通脹的世界

換另外一個角度看，如果一個地方沒有通貨膨脹，又有甚麼好處呢？

投資人是最怕不確定性，如果一個地方未來的通脹情況是非常不確定，那麼投資人便會有很多疑慮，不敢貿然投資。

金融學上有很多不同的方法來計算投資盈利，為了方便講解，現在選其中一個最簡單的估算方法，即投資回收期法來解釋。例如有一個投資人考慮投資 100 萬元，而他預期項目能經營兩年，每年賺取 100 萬。所以項目開始後，他第一年便回本，而在第二年便可以獲得純利 100 萬。

假設通貨膨脹嚴重，貨幣購買力跌了一半。因此賺取的 200 萬元，其實只是剛好等於他現在投資的 100 萬。但如果用購買力的觀點去看，根本沒有盈利。

由此可知，投資者的盈利其實會因通貨膨脹而縮減，影響了投資的預計收益。

反過來說，如果有一個地方絕對沒有任何通脹，投資人便能夠更準備地預測未來的實際收益，因此這絕對有利於促進投資活動。

另外，在沒有通脹的地方，人民手中的貨幣購買力不會下跌，因此就算幾年後，同一筆錢買的東西都是同樣的多。民眾的財富不會被政府剝削，更不必擔心買不起東西。而不平等也不會因為通貨膨脹而惡化。

其實有很多國家雖然沒有達到超級通貨膨脹的水平，但在一般通脹影響下，民眾的生活也是愈來愈差。

在新冠疫情前的十多年間，歐美的通脹水平普遍都處於較低水平。其中一個原因是中國加入世貿組織後，通過國際貿易向西方各國提供大量廉價商品。由於中國製造的產品價格便宜，故西方國家很多日用品的物價都沒有顯著上升。這段期間，有沒有民眾投訴通貨膨脹太低？

疫情過後，有很多西方國家的生產力追不上，故物價上升。更有一些西方國家跟中國進行貿易戰，對中國出口的產品增加關稅，令西方國家很多產品及原材料的成本大增，連帶使西方國家的日用品價格急升，一般市民不能再像以前一樣享受到廉價產品，生活成本上升，這對人民又真正有好處嗎？

目前在很多西方國家的通脹水平都非常高，雖然未達到超級通脹的水平，但依然極度影響當地民生。如果通脹真是好事，你有沒有見到西方有平民百姓去慶祝如此高的通脹水平呢？

以上三個問題，自己想一下，便能明白。

還有非常重要的一點，需要明白「政策手段」與「政策目的」是不一樣的東西。

就算按經濟學教科書的說法，通貨膨脹只是政府在推動經濟發展時所衍生的社會現象。通貨膨脹從來都不應該是目的，而只是政策的副產品，所以通貨膨脹不應該是最終追求的結果。

但有很多國家的國家政策，居然就是將通脹水平列為一個要追求的目標，政府希望不遺餘力地達致這個目標。這個不是很奇怪嗎？將應該只是政策的副產品定為經濟目標，這不是本末倒置嗎？

James：「同學現在應該清楚明白就算不是超級通貨膨脹，但平常的通貨膨脹也會對市民大眾有諸多不良影響了吧。」

龔同學：「老師，我明白了。」

洪同學：「老師，你說的東西我都思考過了，確實是非常奇怪。我想問一下，為甚麼西方教科書及西方很多政府，都故意不提通貨膨脹的影響呢？」

James：「教科書的這個遺漏，這要看誰能夠得益，有兩種人能夠從中獲

取利益。」

洪同學：「是誰能夠在通貨膨脹中獲益呢？」

James：「第一個就是商業財團，因為他們提高貨品價格的速度會比調整工資的速度快，所以會獲益。」

洪同學：「第二種人呢？」

James：「就是一些不務正業，只靠借錢及印錢為生的西方國家。他們可以將自己揮霍過度的問題轉嫁予市民大眾，所以這些政府也會獲益。」

洪同學：「我現在明白了西方政府都故意不提的原因，因為他們在這個過程中都有獲益。但我還是搞不明白為甚麼教科書又不提呢？」

James：「正如我之前所說，如果你打開『第三眼』，看到的東西便很不一樣。我再重複一次，西方經濟學教科書中很多故意遺漏的部分或錯誤之處，多數就是為西方政府政策及財團謀福利。至於教科書為甚麼不是中立，而是偏幫財團，這個問題很有趣，我們一起來繼續研究。」

James：「教科書只針對超級通貨膨脹的弊處，但忽略了一般的通貨膨脹。同學現在都應該了解到通貨膨脹是會偷偷地蠶食你的財富。但除了這個，你還想到教科書還有甚麼問題嗎？」

龔同學：「還有其他嗎？」

James：「還有很多啊，所以同學要有批判思維。」

龔同學：「例如呢？」

James：「關於干預市場的弊端，妳學過甚麼例子？」

龔同學：「我學過最低工資及租金管制。這些例子都出現在教科書上，教導我們政府不應該去干預市場，因為會引致很多不良後果。政府執行這些政策後，對社會的壞處會更多。」

James：「同學能否分享一下，在教科書中所學到關於最低工資的內容。」

龔同學：「當然可以。因為有一些地方薪金偏低，而這些地方的政府沒有了解經濟理論，所以他們會對工資作出規定，要求僱主在聘請工人時，不能付低於規定的工資。」

James：「這些政策是用來保障工人最低的生活水平，會有甚麼壞處呢？」

龔同學：「按書本所說，政府干預市場的壞處是多方面的。本來社會上的工資就是合理的，政府為了幫助工人而刻意地將薪金設在一個比市場高的位置，這會導致更多人出來找工作。因為很多以前不想找工作的人，都會因為工資增加而受吸引，嘗試出來找工作。另一方面，商家們因為人工成本上升，所以會嘗試減少開支，裁減員工。由於找工作的人多了，職位反而少了，所以會導致有很多人找不到工作，失業率上升。」

James：「對政府這樣干預市場的行為，妳覺得如何？」

龔同學：「當然不好啊。失業率上升還好嗎？老師，你不會認為這些可導致失業率上升的政策是好事吧？」

James：「我們衡量一個政策的好壞，應該建基於甚麼準則呢？」

龔同學：「我認為我們評估一個政策的好壞，當然是看對整個社會最終的結果。雖然政府執行政策的意圖是好，希望幫助打工仔。但剛才我說過，對整個社會來說，這會引致失業率上升。因此，我們一定要客觀，不可以因為政府有好的意圖，便盲目接受這些政策，我們需要看最終結果。」

James：「很好。」

龔同學：「當然，我當年考試時，這個題目我還取得滿分。老師你認為我說得是否有道理？」

James：「我們去看一下數據。」

香港的最低工資政策

　　按外國智庫所評估，香港特別行政區的自由貿易及營商環境一直都是處於世界極高級別水平。所以現在特別用香港作為例子，看一下香港在訂

定最低工資政策後出現甚麼狀況。

比較其他國家，香港執行最低工資的時間不算太長。最低工資政策是在 2011 年 5 月 1 日才開始實施，一開始時限定的最低時薪是 28 港元。

香港政府的做法是每兩年評估一次最低工資的金額，由最低工資委員會向行政長官會同行政會議作出建議報告。而最低工資委員會的人則來自社會不同界別，包括勞工界、商界、政府及學術界，希望在執行上能平衡各方利益，取得共識。

我們可以看一下，香港在 2011 年執行了最低工資政策以後香港的失業率變化。下頁的圖可以清楚顯示，在執行了最低工資政策後的九年之間，香港的失業率不單止沒有上升，反而持續下跌。按香港政府提供的資料，2010 年未執行最低工資前，香港的失業率是 4.3%，而實施了最低工資後的 2011 年，失業率反而下跌至 3.4%。此後香港的失業率都沒有上升，在保持相對穩定之後，更下跌至 2018 年的 2.8%。然而，由於在 2019 年後出現了社會動亂及新冠疫情，因此導致百業蕭條，而隨着疫情的防控措施，很多行業都出現經營困難而引致失業率上升，所以我們的討論可以聚焦於 2010 年至 2018 年的失業率。

需要指出，在落實了最低工資後，香港的失業率完全沒有上升，反而是出現了下跌趨勢，更在 2018 年跌至極低水平——是足足長達 23 年以來的低位！下頁的圖清楚明白顯示了在執行最低工資政策後，失業率不升反跌。

香港的實例直接打臉經濟學教科書的説法，簡直打得啪啪響。

事實勝於雄辯，現實證據顯示的情況，跟教科書的內容完全相反。

為甚麼會出現如此的反差呢？

如果教科書和現實不一樣，是哪一邊有問題呢？

實際出現的現象，當然沒有錯，只能是教科書錯！

貼地經濟學 —— 當理論背離現狀時的避險課

> 香港的失業率由 2010 年未執行
> 最低工資前的 4.3%，在訂定最
> 低工資後一直下跌至 2018 年的
> 2.8%，直接打臉教科書的說法。

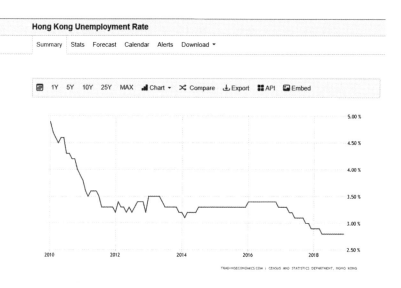

Hong Kong Unemployment Rate

Summary　Stats　Forecast　Calendar　Alerts　Download ▾

Calendar	GMT	Reference	Actual	Previous	Consensus	TEForecast
2024-01-18	08:30 AM	Dec	2.9%	2.9%		2.9%
2024-02-20	08:30 AM	Jan	2.9%	2.9%		2.9%
2024-03-18	08:30 AM	Feb		2.9%		

第三章：經濟科沒教的經濟學

出現反差的原因在於教科書只是片面地講述了部分情形，而其他很多方面，西方經濟理論的教科書提都沒有提。

知道了事實之後，我們現在逐點看一下教科書的問題。

回顧一下教科書對執行了最低工資政策後的說法：

一、很多以前不想找工作的人，都會因為工資增加了而出來找工作。

二、商家們因為人工成本上升，所以會嘗試減少開支，裁減員工。

三、整個社會由於願意出來找工作的人多了，而職位反而少了，所以會導致很多人找不到工作，勞工過剩，失業率也會上升。

這些教科書的說法都看似成立，但跟現實有很大偏差。

先看第一點，我們考慮一下，最低工資增加後是不是真的會多了很多人出來找工作。

需要明白，領取最低工資的人群，都是社會上較低層的勞工。其實在很多企業，職位愈高的人，工作量愈少；愈低層的人，工作卻愈繁重。上市公司的高層可以經常在上班時間和客戶飲茶聊天，打高爾夫球，因為他們要和客戶搞好關係談生意。前線低層員工卻需要整天加班。所以很多企業的冗員及工作效率問題，大多出現在高層或中層員工，而低層員工多數是非常忙碌的。

在香港，很多低層員工，例如餐廳洗碗碟的、在商場打掃衛生的、在街道上清潔垃圾的員工，你有沒有看到他們經常偷懶？現實上剛剛相反，他們很多都是非常忙碌。而這些人的工資卻是最低的，所以最低工資跟這些低層員工息息相關。

一般來說，這些低層員工的工作又比較辛苦。所以當最低工資政策出現後，這些低層勞工的收入會每小時增加幾元。但你細心想想，現實上會不會有很多以前不想找工作及賦閒在家的懶人，忽然發覺做這些辛勞工作

的薪金加了幾元，所以突然加入勞工市場找工作呢？如果加幅很大的話，如每小時加幾千元才有可能，但問題是現在每小時只加了幾元，又有幾多人會因而由不想工作變成想工作呢？

換言之，第一點的情況，對低收入又工作非常辛苦的勞工來說，根本不適用。

而第二點，按教科書說，因為最低工資的政策，會令工人成本上升，所以很多企業會裁減工人。這個又是否正確呢？

剛才已經指出，拿取最低工資的人群，在多數企業中基本上是最忙碌的。我就經常見到餐廳的洗碗工不停工作，或者是生產線的工人不停在打螺絲釘，但從來也沒有看過他們可以像其他高級管理員一樣隨時外出見客飲茶，打高爾夫球。

由於這些底層員工都是負責做一些必需的工作，而如果他們停止工作的話，很多企業也會亂了套。試想像一下，如果餐廳沒有人洗碗碟、生產線沒有人打螺絲、酒店沒有人打掃房間衛生，基本上企業就不能再支持多過一兩天，難道要經理每天出來做這些工作不成？

而很多企業為了壓縮開支，低層員工的人數基本上只是剛剛好，很少有冗員問題。總的來說，在一間企業之中，低層勞工冗員最少，而相對比較多冗員的是中高層。

而由於低層員工大都是受壓榨者，他們在工作時都很少空閒，忙得不可開交，所以就算有最低工資政策，工資調整了，但企業能夠裁減這些低層工人嗎？本來已經人手不足的低層員工，裁減了他們，難道由企業的董事長動手？

可想而知，企業根本沒有可能因為最低工資的緣故而開除底層員工，所以教科書所說的第二點也不適用在這類員工身上。

最後我們看第三點，即教科書所謂的：由於整個社會願意出來找工作

的人多了，但職位少了，所以導致失業率上升。

剛才通過第一及第二點的解說，可以明白，這些經濟學理論雖然可能適用在某一些職業，但對一間企業領取最低工資的底層員工來説，這些經濟學的假説，根本就不適用。

而剛才提到，由於最低工資才加了幾元錢。所以現實上，根本就不能吸引那些不願意工作，賦閒在家的人，去為了這區區幾元錢而加入工人大軍。

另外，由於低層工人們本身已經人手不足，企業也不會因為最低工資政策，而將工人辭退，不然由誰來做呢？所以職位根本也不會減少。

既然工人不會增加，職位也不會減少，這兩點都不成立了。因此，社會上失業率上升這個假説，當然也不成立啊。

但教科書還有一個很大的問題，就是他們考慮非常不周詳，完全沒有考慮最低工資政策對整個社會的長期影響。

我們現在嘗試詳細探討這個被教科書忽略了的問題。

教科書的狹窄觀念

教科書還有一個最為嚴重的問題，就是教科書根本沒有考慮到，整個社會不同的經濟活動都是環環相扣，互為一體的。當一個政府執行了最低工資政策之後，不單止對低層工人及商家有影響，其實對整個社會也會帶來總體改變。

我們先看最低工資政策執行後的收入分配狀況。

本質上，最低工資政策，就是要求僱主提供多一些工資給低層工人。在未執行最低工資前，僱主能夠擁有更多利潤。而在執行最低工資後，僱主需要在利潤中抽部分出來，作為給低層工人的工資。因此這個最低工資

的政策其實是政府通過立法，將公司部分利潤轉移給工人。簡單來說，即是將僱主的收入轉移給工人。

明白了這一點，我們再看僱主和下層員工，他們在每個月收入變化後的分別。

一般來說，僱主收入較高，因此如果每個月收入少了幾百元，對他們來說，根本沒有絲毫影響，不會影響僱主的理財規劃，而他們也不會因為少了幾百元而縮減消費。

至於領取最低工資的群眾，基本收入很低，很多人都需要節衣縮食，才能夠確保每個月沒有超支。他們要用微薄的收入去應對繁重的開支負擔，這導致他們很多時會將自己大部分收入用於食物及必需品之上。因此，如果這些人得到由僱主轉移過來的幾百元，很多時他們都會將新增加的工資用於消費。

這個道理是非常容易理解的，有錢的人收入多了一些，也不會特別增加消費。但貧困的人收入增加了一些，很多時，他們會將大部分新增的收入用作消費。

不要輕視這個簡單的道理，因為會影響整個社會的總體經濟活動。

由於有錢人在執行最低工資後，他們的消費沒有受影響；但窮人在執行最低工資後，他們的消費卻會相應增加。因此，通過最低工資政策，將金錢由有錢人轉移給窮人之後，其實整個社會的消費總量會比以前有所提升。

而窮人所增加的消費，也會令其他行業得到發展。

窮人在得到新增加的工資後，他們會去商店購買更多他們平時負擔不起的日用品及必需品。而售賣這些日用品的商店也可以獲得更多利潤，由於收入增加，這些商店的僱主及僱員也會去其他商店購買他們喜歡的東西。這又會推動到其他商店的收入增加，進而令到這些其他商店的僱主及

僱員也會去繼續消費。

需要明白，一個社會的經濟活動都不是獨立的，而是互為一體。某一個行業的經濟活動，會影響到另一個行業的經濟活動。一批人消費的增加，會引致另外一批人的消費增加，而新的這批人的消費增加，又會陸續令另外一批人的消費相應增加。這是一個逐層遞進的效應，因此經濟總量也會出現累加增長。

需要指出的是，很多經濟學教科書中的理論都非常片面，完全忽略了社會不同經濟活動之間的互相影響。筆者多年來一直有參與「一般均衡模型」（Computable General Equilibrium Model）的研究及開發工作。而一般均衡模型是特別用於評估一個政府的新政策如何對社會構成影響。

一般均衡模型是非常大型的計算機模型，其中包括了社會各個方面，例如家庭、政府、商家、入口商、出口商等。該模型中也包括了一個社會的所有不同行業。這些一般均衡模型可以用來評估任何政策、社會變化、特定事件對社會各方面所帶來的影響，例如它們可以用來評估市民消費口味的轉變、貿易戰、政府政策的實施……。筆者就曾經用這些模型來評估中美貿易戰、一帶一路、大灣區等不同政策對香港社會各行各業的影響。

其實這些模型用途非常之廣，甚至有人用來研究全球暖化、氣候轉變，甚至恐怖襲擊對一個社會所帶來的影響。

因此，一般均衡模型深受諮詢公司及政策智庫所歡迎，筆者也曾經參與很多澳大利亞及香港的相關研究項目。幫政府、商會、及企業提供諮詢服務。但問題是，這些模型的結構非常複雜。筆者曾經負責進行過的研究，所使用的經濟模型涉及幾百萬條非常複雜的經濟方程式，運行起來，就算使用超級電腦都要頗長時間。所以很遺憾，礙於模型的複雜程度及對電腦的硬件要求，有很多讀經濟學的人都沒有掌握相關技術。然而，筆者為了推行相關教育，也一直在任教的大學鼓勵學生學習這些知識，希望學生掌握技術後能貢獻社會。而這些模型對評估一個政策對社會的影響，比

起簡單的教科書，真是不知道強多少倍。

話說回來，跟一般均衡模型作比較，教科書的說法是非常片面的。因為教科書考慮情況時，大多只會考慮單一情況，而缺乏通盤考慮，完全沒有考慮到剛才所談論有錢人及窮人在財富轉移後的消費模式不一樣，以及經濟活動在社會上的層層遞增效應。也因為這個緣故，教科書的理論與現實脫節，根本就不足為奇。

由此可見，通過將部分有錢人的收入轉去給窮人之後，由於富人的消費不太受影響，但窮人的消費則會有所增加，再加上層遞效應，因此整個社會總體消費量也會大幅增加。需要指出，隨着社會整個消費總量的增加，很多企業也要在這個過程中，增加招聘人手去應付忽然間增加的客人。因此很多行業都會有新增加的職位，而這個最後會提升整個地區的就業，減低失業率。

也因為如此，當香港執行最低工資政策後，失業率和教科書所說的完全相反，香港失業率不升反跌，是有其背後原因。只是教科書因為考慮不周密，缺乏通盤考慮，才會與現實不符。

通過以上解釋，讀者當能明白教科書理論上的不足。

了解過最低工資政策，我們現在再去看香港的租金管制政策。

劏房的租金管制

James：「同學現在應該明白了最低工資政策背後真相。充分了解這個政策的結果為甚麼和教科書所說的完全不一樣，以及掌握了香港失業率持續下跌的背後原因。」

龔同學：「老師，我明白了。那麼租金管制呢？教科書中的租金管制，是否又是正確呢？」

James：「解釋這個之前，同學請分享一下在教課書中學到的關於租金管

制的知識。」

龔同學：「好的。租金管制是政府干預市場的行為，而政府是不應該干預房屋租賃市場的，因為這個會影響到自由市場的供應及需求的平衡。」

James：「房子在世界上不同地方都是一個極其昂貴的資產，很多人負擔不了置業支出，需要租房子住。政府為確保窮人能夠以一個合理的租金去租房子，因此有時會作出租金管制。租金管制即是政府對租金或其加幅，作出相關的限制，使租金不會太高。同學請說明一下，這個政策，在教科書上有甚麼問題？」

龔同學：「當政府推出這個政策之後，市場上的租金便會被人為地壓低。這個低了的租金價格，會吸引更多人來租房子。而出租房子的業主，則因為政府的政策而導致減少收入，所以有很多業主便不會願意在市場上再提供房子。」

James：「很好，請繼續。」

龔同學：「由於市場上想租房子的租客愈來愈多。但另一方面，提供出租房子的業主則愈來愈少，所以便有很多人想租房子，但市場缺乏足夠供應，這會引致供應短缺。由於想租房的人比願意出租房子的業主多，因而令到很多人沒有房子住。」

James：「同學能否看出教科書的問題？」

龔同學：「我不知道啊，有嗎？」

James：「我們現在一起來看一下。」

　　因為香港地少人多，故出現了一種比較特別的居所——「劏房」，這是指分間樓宇單位，將一個普通單位分成幾個獨立的小單位。很多業主會先買來一個正常的單位，再將它分成幾個小單位，然後再分開出租牟利。這些劏房的面積都非常小，基本上沒有任何活動空間，很多房間只放得下

一張床及一個櫃，因此居住環境非常不理想。

大部分居住在劏房的人，都是那些負擔不起高昂租金，不能夠居住在正常住宅單位的人。而他們為了壓縮開支，在沒有辦法之下，只能在劏房蝸居。

為了保障劏房租客的權益，香港特區政府在 2022 年 1 月正式就劏房實施相關條例，希望可以保護租客。其中一項就是限制租金的加幅，不得高於差餉物業估價署就所有類別私人住宅物業編製和公布的全港性租金指數，在相關期間的百分率變動，而上限為 10%。

這個政策在推動時，在社會上引起廣泛討論。

為了方便解釋，像剛才一樣，我們先整理一下教科書關於租金管制的說法：

一、以前很多對房子沒有需求的人，因為租金的下調，所以也想進入市場作為租客去租房子。

二、提供房子的業主，因為他們收回來的租金少了，所以便有業主不願意再提供房子出租。

三、由於想租房子的人多了，但業主卻提供少了房子。所以導致社會上出現短缺，有很多人變成沒有房子住。

以上就是教科書的假說，為了方便說明，我們逐點分析一下。

第一點認為，如果租金下跌，將引致需求上升，因此在進行租金管制後，由於租金減少，所以會有很多人想去租住劏房。

需要明白劏房的居住環境，一般都是比較差。由於空間狹小，別說進行活動，就是傢具也不能放置太多。由於連櫃子也不能放，所以很多時都是雜物堆滿地。另外，由於空間限制，劏房的廚房、浴室及廁所基本上都鄰接，煮食的廚房及洗手間非常接近，衛生環境很不理想。因此，如果財

欮上能夠負擔，很多人也不會想住在劏房。

由於劏房的環境惡劣，就算資金下調，亦不會忽然間吸引大量的人搬入這些地方。因此，劏房租金下調後會引致需求大量增加的這種說法，根本不符合實際情況。

而第二點，即提供房子的業主，因租金收入減少，而減少出租物業。這個也不合理。因為業主將自己的物業租出去主要是想賺錢，現在由於香港租金管制，不能大幅加租，但是他們把房子租出去，還是能夠賺錢呀，只是沒有賺得那麼多罷了。

坦白說，哪會有人跟錢鬥氣呢？錢賺少了，也是賺呀。如果完全不出租，反而一毛錢也沒有。在香港，房子每年也需要很多維持費用，例如差餉，地租、管理費等，所以算筆者孤陋寡聞，從沒聽過有業主因為不能夠賺那麼多，所以乾脆不租出去，甚麼都不賺。因此，現實中，雖然租金下跌，但基本上所有業主都會繼續將房子租出去。

第三點的說法，即由於想租房子的人多了，但業主出租的房子少了，所以住房短缺，社會上有很多人沒有房子住。這個說法，由於前面第一及第二點均不成立，當然也不能成立。

因此，實際情況是，當香港政府執行了相關劏房的政策之後。社會上根本沒有出現所謂的房屋短缺，而也沒有更多人露宿街頭的這個狀況。

需要明白，劏房的租金受管制後，社會上根本沒有湧現很多人去找劏房住，更沒有業主放棄將房子租出。再次反映出，教科書上的理論看似合理，但其實是遠遠脫離現實的海市蜃樓。

這個只需要放下書本，看一下實際的數據，便能明白。

如果理論和現實不同，哪一邊正確呢？

當然是現實正確，理論錯！

James：「一口氣解釋了最低工資及租金管制的問題，希望同學現在對教科書的認識，當有更深入的了解。」

龔同學：「老師，我雖然熟讀教科書，但你提出的這些東西我都沒有考慮過。」

James：「正所謂盡信書不如無書。有問題可以找 James 老師。」

洪同學：「老師，你又再次顛覆了我的三觀。但我想問，為甚麼教科書會犯這些低級錯誤？而且他們說的東西，剛剛和社會的現實情況相反呢？」

James：「同學你又提出這些問題，我不是答過你很多遍了嗎？你要看過程中有甚麼人能夠獲得得益，又有甚麼人的利益受損。你可以考慮有錢人及窮人的境況。」

洪同學：「如果是說最低工資的話，受益的就是工人，而損失的就是商家。所以是比較有錢的人有損失，而比較窮的人獲得好處。」

James：「很好。那麼租金管制又是哪些人得益？哪些人受損？」

洪同學：「租金管制的政策是會令租客得益。而會令業主損失利益。因此跟剛才一樣，社會上比較有錢的人有損失，而窮人獲得好處。」

James：「同學你的第三眼，已經愈來愈清晰。你看到世界上，很多錯綜複雜的關係，其實都可以通過考慮利益來判別。另外有很多政策上的爭訟，其實都牽涉到利益分配。」

洪同學：「那麼教科書為甚麼會有這麼多錯誤呢？」

James：「西方奉行資本主義，很多這些爭論，都是源於有錢人組成的商家集團，與佔人口多數的貧苦階層的利益矛盾。提醒你，經濟學教科書中很多故意遺漏的部分，甚至錯誤，多數是為財團謀福利。因此西方很多教科書的內容，都是偏幫有錢人、商業財團及西方政府的。這就是解讀西方教科書的鎖匙，能夠幫你打開理論錯處的秘密。」

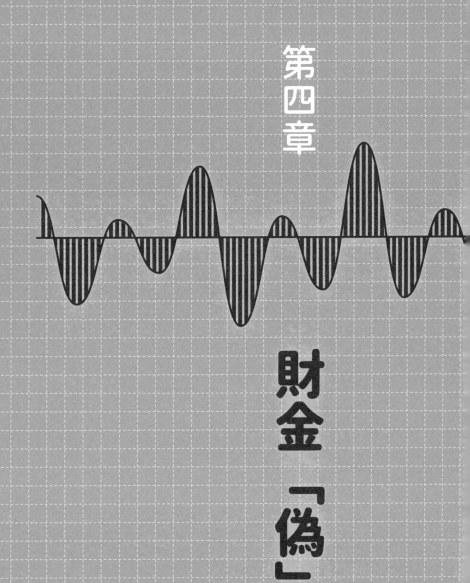

第四章

財金「偽」術

用人唯才

前一章故事中提到的招聘官，在聽了兩位應徵者的解釋後，立即叫警衛把他們捉了起來，再投進了監獄。

兩位應徵者不知道將會面對甚麼刑罰，嚇得茶飯不思。三天後，總統府派了總統助理來審理兩位應徵者。接到任務後的總統助理立即趕去了牢房。

為了更好地了解兩位應徵者的心理狀況，總統助理派人去大學請來一位心理學教授做顧問，並且計畫和這位教授一起進行審問。他們經過商量後，決定用高科技儀器去測試兩個應徵者的思想及行為。

一切安排好之後，總統助理着獄卒將兩位應徵者蒙頭帶出了牢房，然後將二人帶到測試儀附近，並將測試儀器套在了他們兩個的頭上。

那個高科技測試儀器的畫面，立即將兩位應徵者腦中的想法，經人工智能計算後顯示了出來。

第一個應徵者，在應徵前本想找到一份好工作，想不到現在身陷大牢，更遭到審判，因此嚇得魂不附體，頭腦一片空白。

他的測試儀器的畫面亦顯示為一片空白。

總統助理：「混賬！你身為經濟學家，腦袋居然空白一片，你平時到底怎樣制定經濟政策的？你說你們合夥吃紙巾的計畫，是不是你想出來的？」

應徵者甲：「長官饒命！我是受奸人所害，那個主意不是我出的！我只是按另一位應徵者的建議執行罷了！長官，饒命啊！」

心理學家聞言，點一點頭。

總統助理指揮獄卒：「幫我押他回去。」

第二個應徵者，看到如此狀況，覺得事已如此，已經難逃一死。因此他反而坦然了不少。不再理會審訊，腦海開始想起其他事情……

測試儀器的畫面顯示也跟着變了，畫面所顯示的經濟方程式突然間不見了。鏡頭一閃，突然轉變成陽光明媚的海灘，鳥語花香，更有很多穿泳衣的美女在追逐嬉戲。

總統助理見狀嚇了一跳，但他立即收拾心情，然後繼續審問：「我問你，你們合夥吃紙巾的那一個計畫，是不是你想出來的？」

已經置生死於度外的應徵者坦然回答：「是，整個計畫都是我想出來的。」

總統助理：「事到如今，你還想着泳衣美女？」

應徵者乙：「這又如何？」

總統助理：「你這個不務正業之徒，大難臨頭，居然還想這些東西。」

應徵者直接豁了出去，大聲回答：「甚麼不務正業？這個就是我的正業。」

心理學家聞言，立即站了起來，跟總統助理耳語一番，然後兩個人一起急步走出牢房。

過了三分鐘，總統助理再回到牢房，說道：「我們聯繫了總統，決定釋放你，甚至給你加官晉爵。」

應徵者乙：「甚麼？你們不殺我，還要升我的官？」

總統助理：「是的，因為剛才心理學家分析說，穿泳衣雖然想引人注目，但其實露出來的都是不重要的部分，而重要部位全部隱藏在泳衣之下。」

應徵者乙：「不好意思……我不太明白你的意思。」

總統助理：「心理學家是說，泳衣提供給人看的部位，都是不重要的，而重要的卻不讓人看。你認為泳衣是正業，潛意識說明了你有隱藏重要資訊的天賦。」

應徵者乙：「那麼我是會去情報局的保密部門工作嗎？」

總統助理：「不是。那些部門是普通人才去的，由於你是一等一的人才，我們會調你去統計部。」

第四章：財金「偽」術

4.1
「失業率」這個數字魔法
有多重要？

James：「同學學了經濟學這麼久，你們認為甚麼是最影響民生的呢？」

龔同學：「我覺得是通貨膨脹，因為這個會影響市民大眾的購買力。所以會影響到福利及民生。」

James：「還有呢？」

洪同學：「我認為是失業率，因為有很多政府都以這個作為政策指標。」

James：「是的，有很多政府都很注重就業問題。因為通貨膨脹雖然能影響到市民的購物力，但購買力是來源自收入啊。沒有收入，根本就無從談購買力。」

龔同學：「老師，關於失業率，教科書應該沒有錯誤了吧？」

James：「在談這個之前，同學能否解釋一下失業率的計算方法？」

龔同學：「當然可以呀。坦白來說，這個是經濟課程內最簡單的部分。」

James：「好的，同學請解釋一下。」

龔同學：「失業率是用來評估一個地方的就業情況。計算的方法是失業人數除以勞動人口。失業率高代表社會上很多人沒有工作。所以很多國家

會用失業率來評估當地就業情況。」

James：「很好。同學覺得這個計算有沒有問題呢？」

龔同學：「這個簡單的公式也有問題嗎？」

James：「妳相信魔法嗎？」

失業率背後玄機

失業率對一個社會來說是非常重要。因為這個是市民能否安居樂業的其中一個重要指標。今次就讓我們一起探討一下失業率的計算及其背後所隱藏的另類知識。

失業率有一個看似非常簡單的公式就是，失業人口除以勞動人口。而勞動人口則等於就業人口及失業人口的總和。

但是這個看似非常簡單的計算公式背後，卻另有文章。

首先是失業人口，到底甚麼才算是失業人口呢？

有一些人給公司炒了魷魚，賦閒在家，天天在看報紙找工作，這個當然是算做失業人口。但另外一些情況便不是這麼直觀。

有人是銀行高層，後來給辭退了，現在暫時在快餐店工作打發時間，這個算不算失業人口？

有人是大學教授，現在退休，但幫人看風水命理，這個算不算失業人口？

有人是全職工作，後來公司經營環境不好，現在改為時薪工作，每天工作半天，總共四小時，這個算不算失業人口？

以上種種問題，都牽涉到失業人口的定義。那麼香港對失業人口的定義又是甚麼呢？

按香港政府的定義 [1]，失業人士是指所有符合下列條件的 15 歲及以上人士：

（a）在統計前 7 天內並無職位，且並無為賺取薪酬或利潤而工作；

（b）在統計前 7 天內隨時可工作；以及

（c）在統計前 30 天內有找尋工作。

不過，一名 15 歲或以上的人士，如果符合上述（a）和（b）的條件，但沒有在統計前 30 天內找尋工作的原因為相信沒有工作可做，則仍會被界定為失業，即所謂「因灰心而不求職的人士」。

除上述情況外，下列人士亦視作失業人士：

（a）並無職位，有找尋工作，但由於暫時生病而不能工作的人士；以及

（b）並無職位，且隨時可工作，但由於下列原因並無找尋工作的人士：

（i）已為於稍後時間擔當的新工作或開展的業務作出安排；或

（ii）正期待返回原來的工作崗位。

而香港政府對勞動人口的定義則是指：

15 歲及以上陸上非住院人口，並符合就業人士或失業人士的定義。

由此我們可以見到香港特別行政區政府對失業率的定義，我們現在又去看一下美國政府對失業率的定義 [2]，以下是用機器翻譯的定義：

失業人士：所有在參考週內沒有工作、又可以工作（臨時生病除外）、

1　https://www.censtatd.gov.hk/tc/web_table.html?id=210-06101
2　https://webapps.dol.gov/dolfaq/go-dol-faq.asp?faqid=111&topicid=6&subtopicid=118

經濟學 —— 當理論背離現狀時的避險課
貼地

並在參考週結束的四週內的某個時間段內做出具體努力去尋找工作的人員。等待被召回工作崗位的人不必一直在找工作，也會被歸類為失業。

以上是美國政府的定義，驟眼看起來和香港大同小異，但其實美國政府的勞工統計局（Bureau of Labor Statistics）對失業率有六個不同的指標，即 U1 至 U6[3]。而一般所謂的官方失業率多用 U3 來計算。而這個美國政府的定義，對於一些找了工作很久，但是一直找不到，所以心灰意冷，沒有再去找工作的人，美國政府在 U3 計算時是不會當這些人為失業人士的。

這個不將那些由於長時間找不到工作，所以放棄找工作的人計算在失業率內的做法，看上去無關痛癢，但其實內裏大有玄機。

需要指出，很多大學都是用美國版本的教科書作為教材，所以有很多教科書對失業人口的定義，都是不會考慮那些因為灰心而不再找工作的人。

現在開始解釋內裏玄機。

首先是關於失業人口的定義，請留意美國的定義是不包括那些已經放棄再找工作的人。這個就很奇怪，因為失業就是失業，不管你是想找工作，還是不想找工作，都是失業啊。而且失業就是沒有工作，這個與放棄的心理根本就沒有任何關係。但是為甚麼要將心理狀態考慮入統計之中呢？

不好意思，寫這本書的初衷是儘量避免任何計算及方程式。但是沒有辦法，為了方便解說，這裏會有一些非常簡單的運算。但我可以保證這些都清楚易明，希望讀者多多包涵。

我們開始表演數字魔術。

3　　https://dol.ny.gov/system/files/documents/2021/03/overview-of-alternative-measures-of-unemployment-and-labor-underutilization.pdf

（1）我們假設一個地區有一百個人，他們全部都有工作。所以：

就業人口 = 100

失業人口 = 0

勞動人口 = 就業人口 + 失業人口

所以勞動人口 = 100 + 0 = 100

因此失業率 = 失業人口 ÷ 勞動人口

= 0 ÷ 100

= 0%

（2）我們現在假設該地區經濟環境轉弱，有 10 個人沒有工作，其他 90 人全部都有工作，所以：

就業人口 = 90

失業人口 = 10

勞動人口 = 就業人口 + 失業人口

所以勞動人口 = 90 + 10 = 100

因此失業率 = 失業人口 ÷ 勞動人口

= 10 ÷ 100

= 10%

（3）我們再假設該地區經濟環境繼續疲弱，依然有 10 個人沒有工作，其他 90 人全部都有工作。但是由於經濟不好，那 10 個失業的人中的 5 個人放棄了繼續找工作，而剩下另外 5 個人則繼續找工作。所以：

就業人口 = 90

貼地經濟學 —— 當理論背離現狀時的避險課

需要留意，按美國政府的官方失業率定義，沒有找工作的人是不計算在失業人口之內的。由於雖然社會上有 10 個人沒有工作，但是因為只有 5 個人繼續找工作，而這些繼續找工作的人才會被計算入失業人口之中。所以：

失業人口 = 5

勞動人口 = 就業人口 + 失業人口

所以勞動人口 = 90 + 5 = 95

因此失業率 = 失業人口 ÷ 勞動人口

= 5 ÷ 95

= 5.3%

以上是整本書的唯一計算部分。繼續下去，也沒有任何其他需要計算的地方。所以對一些有數字恐懼症的讀者來說，可以不必再擔心了。

我們回顧下一下剛才的例子，經濟轉差後失業率是 10%，然後那個地區經濟繼續疲弱，更有一些人因為長時間找不到工作，喪失了信心，決定窩在家裏做宅男宅女。但魔法出現了，新的失業率居然下降至 5.3%！

通過這個例子，便可以看到就算美國政府決定甚麼事都不幹，經濟繼續轉差。但是只要有人心灰意冷，不再找工作，失業率居然會下跌！

很多所謂的魔法表演其實就是掩眼法。所有魔法都是趁別人不留意之時，偷偷做手腳，然後在展示時，再給人一個假像。在這裏也一樣，我們親眼見到失業率魔法的出現。

我們回頭再想一下，便可以明白，為甚麼美國政府選擇這個計算方法作為失業率的指標。

很多外國的政府是靠競選選出來，因此一定要有政績展示給別人看。而對市民生活最有關係的其中一個就是失業率。想一下，如果有一個政府

甚麼都不幹，甚至令市民大眾出現絕望的情緒，居然失業率會下跌，這個對需要展示政績來進行連任競選的政客，你說是不是非常好呢？

　　也因為如此，如果你留意到外國人在計算失業率的時候，居然沒有理會那些心灰意冷而不再找工作的人，你應該體諒一下，會心微笑就好。

龔同學：「老師，我不同意你的說法。」

James：「同學是不同意我說的那一個部分呢？是計算部分，我計錯嗎？」

龔同學：「不是啊，我是說動機。」

James：「同學請解釋一下你的問題。」

龔同學：「我認為美國不是故意這樣計算來錯誤引導選民。我想會不會是因為方便統計或者方便計算，他們才這樣定義失業人口？」

James：「好的，我們就探討一下他們是否故意而為之。」

龔同學：「嗯。」

James：「首先這個不是因為統計困難的問題，因為就如我剛才所說，美國勞工統計局是有計算六種不同的定義，但他們只抽取沒有包含放棄找工作的人的那一個定義作為指標去計算失業率。他們可以用其他有包含放棄找工作的數據去計算呀。」

龔同學：「會不會是這個計算方法比較容易，所以他們選擇這個呢？」

James：「他們都是用同一條公式，即是失業人口除就業及失業人口的總和。只是定義不一樣罷了，根本沒有方便計算呀。」

龔同學：「會不會是因為用這個統計比較方便呢？」

James：「一般來說做統計時，需要派人去做調研，然後問受訪者問題。所以最簡單的問題就是問受訪者有沒有工作，這個就是最簡單的。但是

經濟學——當理論背離現狀時的避險課

如果想知道那個人是否因為灰心而不去找工作，我們還需要問一下他不去工作的理由啊，所以你還要問多一條問題呀。因此在計算上故意不納入那些灰心不去找工作的人，這個做法根本就不是為了統計方便，實際上這個在調研時更加麻煩，因為你需要問多一條問題。」

龔同學：「好的。老師，我明白了。但我有另一個問題。既然美國勞工統計局已經按不同的定義計了六個失業人口的數據，可不可以計六個失業率出來，方便大家評估失業狀況呢？」

James：「當然可以呀，他們可以計六個不同定義的失業率，然後提供給市民大眾參考呀。為甚麼不這樣做？因為要競選啊！但教科書中的魔法，還真不少。」

為就業而犧牲？

中國人經常説「民以食為天」，因此對中國人來説最重要的是有飯可以吃。但是在社會中能夠吃得到飯，需要兩個條件。第一個就是米的價格不能太高，否則便不夠錢買糧食了。這個價格變化就是通脹，所以影響民生的第一點就是通脹。另外一個能夠吃到飯的條件就是有錢去買，這個背後的前提是，首先你要有工作，賺得到收入才能去買呀。因此第二個條件就是就業。所以就業在任何一個社會來説都是非常重要的。

但是讀者們有沒有考慮過，你願意犧牲甚麼來換取就業呢？

這個不是一個假設性問題，而是西方教科書給你提出來的一個令人很難取捨的難題。

問多一次，你願意犧牲甚麼來換取就業呢？

時間？當然不是，大家都知道上班需要時間，所以不是時間。

娛樂？當然不是，大家都知道上班時不能進行娛樂，所以也不是娛樂。

那麼教科書認為需要犧牲甚麼來就業呢？

答案居然就是：通脹。

教科書說為了就業，你就要忍受通脹。這個就是基礎經濟學一定要學的菲力浦曲線（Phillips curve）所代表的關係。

即是教科書說，民以食為天的那兩個條件，你必須犧牲其中一個。

這個又是甚麼回事？

James：「同學，我們再看一下，其他與失業率有關的魔法。」

龔同學：「嗯。」

James：「同學先解釋一下，甚麼是菲力浦曲線呢？」

龔同學：「按課本的解釋，指的就是通貨膨脹率與失業率有一個負關係。」

James：「甚麼是負關係呢？」

龔同學：「負關係的意思就是它們是相反的，即如果通貨膨脹率上升，失業率便下降。反之，如果通貨膨脹率下跌，失業率便上升。它們的關係，是以一個相反的形式存在。」

James：「妳再清楚說明一下兩者的關係及如何取捨。」

龔同學：「我們如果要人人有工作，即失業率低，那麼我們便要忍受高通貨膨脹。而相反來說，如果我們的社會失業率高，那麼通貨膨脹便會下跌。」

James：「同學會在兩者中選擇哪個呢？妳會選擇有工作做，但是高通脹？或是沒有工作做呢？」

龔同學：「我會選擇有工作做，所以我會選擇承受高通脹。」

James：「為甚麼妳不選擇低通脹呢？」

龔同學：「老師你不是說笑吧？低通脹代表高失業率，工作都沒有了，根本都沒有錢買東西，那麼有沒有通脹都沒有關係啊。」

James：「同學，你能否想一下我們能否處在一個環境，既有低失業率，也有低通脹呢？」

龔同學：「這個沒有可能。因為菲力浦曲線就是說明這個問題，我們要兩害取其一。」

James：「這個我們又看一下教科書的另一魔法——掩眼法。」

菲力浦曲線這個理論受西方主流經濟學家極力推崇，頂禮膜拜。

也因為這個理論的緣故，所以經濟學家會對你說，你如果想要失業率低，那麼你就要犧牲通脹，準備好面對高通脹的環境。而如果你選擇一個低通脹的環境，那麼你就要準備好面對高失業率。

一上這門課，學生們深感這個世界是如此悲哀，原來經濟學教你魚與熊掌，不能兼得。

甚至和你說，老鼠藥與砒霜，不吃不行，你一定要吃一個。

問多數同學，他們多寧願選擇高失業率，所以需要承擔的惡果，就是高通脹的環境。

而通脹的環境所帶來的害處，就如前文所說，市民大眾購買力降低。而商家因為可以隨時提高價格，但市民大眾的工資，卻因為僱傭合約的關係，工資是不能夠立即追上去，所以長遠來說，對商業財團有利，但是對一般受薪的市民大眾是有害的。

如果政府是不負責任，光靠印銀紙來度日的，政府當然是笑咪咪，而通脹的惡果則由市民承擔。

突如其來的惡性通脹也會嚇怕投資者，因此總的來說，通脹對社會不是好事。

但這個菲力浦曲線教你，如果你想低失業率，就要忍受高通脹。所以這個理論的結果是對打工階層極度不利的，相反，則對財團及亂印錢的政府非常有利。

難道打工階層就是如此悲哀，魚與熊掌不能兼得，反而老鼠藥及砒霜，需要二選一？

讓我們現在深入研究一下這個菲力浦曲線的來龍去脈。

整件事可以追索到由一個紐西蘭的經濟學家菲力浦（Alban William Housego Phillips）教授在 1958 於 Economica 這個期刊發表的一篇文章。文章名稱就是 *The Relation between Unemployment and the Rate of Change of Money Wage Rates in the United Kingdom, 1861-1957* [4]。

顧名思義，這篇學術論文是研究英國失業與工資的變化關係。在文中，菲力浦教授提供了很多幅圖表作證據，探討了這兩者的關係。

其實在文中還有其他的資訊提供，但是由於和我們現在的主題沒有直接關係，因此在此省略，如有興趣的讀者，可以自行參考原文。另外為了便於解釋，我們討論就不涉及學術論文中的繁瑣之處，直接去看這篇學術研究所得出來的結論，菲力浦教授在結論部分寫道：

「上文第二節至第四節的統計證據似乎總體上支持第一節所述的假設，即貨幣工資的變化率可以用失業率和失業率的變化來解釋……」

菲力浦教授在他的學術論文中的最後一節，即結論部分已經清楚指出了工資和失業率是息息相關的。但是由於他在同一部分指出，他提供出來的統計證據和他在第一節所作出來的假設相符合，因此為了使讀者更明白他的假設，所以在下面我再提供他在第一節所提出的假設供讀者們參考，菲力浦教授在第一節寫道：

4　　https://www.jstor.org/stable/2550759

貼地經濟學——當理論背離現狀時的避險課

「當商品或服務的需求相對於其供應量較高時，我們預期價格會上漲，需求愈大，漲幅就愈大。相反，當需求相對於供應較低時，我們預期價格會下跌，需求不足的程度愈大，價格的跌幅愈大。這項原則似乎可以作為決定貨幣工資（即勞動服務價格）變化率的因素之一。當勞動力需求很高，失業人數很少時，我們應該期望僱主迅速提高工資，每家公司和每個行業都會不斷地試圖提供略高於現行工資的工資，以吸引其他公司和行業的合適勞動力……」

菲力浦教授在第一節中，清楚說明了他的假設，就是當一個地方對勞動力需求很大，即當失業率很低時，公司便會提高工資，嘗試吸引工人從其他公司或行業轉過來為他們工作。因為如此，失業率低時，工資便會上升。

以上便是，菲力浦教授關於失業率及工資變化的看法。

James：「同學們，我知道你們雖然看過教科書，但請問有沒有看過菲力浦教授這篇研究論文？」

洪同學：「我沒有啊。平時上課，光看書本已都忙到透不過氣，根本沒有時間再看其他。而且由於我都不是做研究，因此很少看學術論文。」

龔同學：「我也沒有。教科書不就是已經將他的發現寫出來了嗎。那為甚麼要看原文呢？」

James：「同學們，你們看過了我引用的論文原文，有沒有發覺到任何問題？」

龔同學：「老師引的部分，明確指出了失業率和工資是呈一個相反的關係。這個有錯嗎？」

James：「這個是沒有錯啊，但你們看到問題了嗎？」

洪同學：「……」

龔同學：「老師，我不明白。你說原文沒有錯，卻又問我們有沒有發現問題。那有甚麼問題呢？」

James：「正是如此。原文沒有錯，但就是出了問題。」

龔同學：「……」

James：「同學留意一下論文原文和教科書的不同之處。原文是看甚麼關係？」

洪同學：「是看失業率和工資變化的關係。」

James：「教科書又是看甚麼關係？」

洪同學：「教科書是看失業率和通脹的關係。老師我明白了！它們兩者所討論的東西都不一樣啊。」

James：「正是如此，菲力浦教授他是看失業率如何影響工資。但教科書卻轉換概念，進行了移花接木，改成失業率和通脹的關係。」

洪同學：「那又會有甚麼問題呢？」

James：「菲力浦教授只是提出失業率低時，工資會很大機會上升。但教科書卻引伸了這個說法，改成失業率低時，會令到通脹上升。更為這個新的說法取名為菲力浦曲線。但需要明白的是，菲力浦教授本身根本沒有提過這個說法，而這個說法是教科書自己新編出來的。」

洪同學：「不是吧？」

James：「事實勝於雄辯。教科書就是如此操作，所以我才問你們有沒有看原文，去作一個比較。」

龔同學：「老師，會不會是工資提高了之後，便會引致通脹，所以教科書才藉此自我引伸？」

James：「這個就是問題癥結所在，教科書經過移花接木後的說法是有偏

頗的。因為工資提高後，並不一定會引起通脹。」

龔同學：「老師，這個我不同意，我認為教科書是正確的，因為社會是會自行調節。所以如果市面上所有人的工資高了，商人便可以提高價格去賺多一些，如果很多商人都提高價格，不就是會出現通脹了嗎？」

James：「同學，你太跟從教科書的思路了。因為工資高了，能夠出現很多不同的狀況，不一定會按照你提出的方向發展。假如社會上所有人的總體工資高了，那麼有一些商家負擔不了，他們也會考慮裁員啊。裁員後，失業率又會自動回升。隨着失業人員增加，工資也會回復到以前水平，這個也是社會自行調節而有可能出現的結果。」

洪同學：「老師，我明白了。社會上工資高了，不一定會引起通脹，而是有機會出現其他狀況的。」

James：「正是如此。工資高了，商家便有機會裁員，這個便會令失業率回復到以前的水平。但就算商家開始時不裁員，而由於工資高了，商家為了確保利潤沒有減低，他們便會增加產品價格。而當這些產品價格出現升幅，市民也會購買少了這些產品，或者從其他地方購買代替品啊。所以當這些企業因為價格上升而出現產品滯銷，那麼他們在以後便會減少生產，這個又有機會引起裁員呀。」

洪同學：「老師，我想請教下，當工資升高後，龔同學說出了教科書所提出的情境，而她所說的情境最後會引致通脹。但老師卻提出另外一個情境，可是老師你提出的情境，最後是失業率回升，而通脹沒有出現。由於兩種說法的結果完全相反，請問老師，社會是按那個情境去發展呢？」

James：「同學，你問的問題非常好。實際上是兩種結果都有可能。教科書的問題是，他們假設社會一定只會循一個方向發展，所以這個是非常偏頗的。社會上的不同狀況會令商家及消費者採取不同的應對策略，因此不同的情景都有可能出現。」

洪同學：「老師，那麼教科書為何只選擇報告其中一種情境呢？」

James：「同學，這個我和你重複過很多次。西方主流教科書的漏洞，主要是為西方政府所執行的政策及商業財團發聲。教科書通過移花接木，轉換概念，將菲力浦教授所提出的失業率與工資變化有相反關係的說法，轉換成失業率與通脹有相反關係的說法。通過這個操作，便讓大部分人錯誤地認為，如果要維持低失業率，便要忍受高通脹的苦果。但其實這兩者是沒有絕對的關係。其實世界上有很多學者都曾經提出證據批評這個漏洞，但只是教科書沒有提罷了。」

龔同學：「老師，那麼教科書為甚麼又要提倡低失業率，便得忍受高通脹呢？」

James：「這個之前已經說過，通脹對甚麼人有好處呢？」

洪同學：「我記得，是對商業集團有好處，因為他們加產品價格的速度是快過加工資的速度。另外，對於那些不務正業，光靠印銀紙來解決財困的西方政府也有好處。」

James：「很好。同學你終於明白西方主流教科書背後問題的真象。但是你還需要繼續思考，教科書如此肆無忌憚，隨意轉換概念，而世界上很多讀書的學生，正是讀這些錯誤教材。細思極恐，你不覺得原來大部分人思想都受控制，這個情況很可怕嗎？」

4.2
壟斷、霸權，
你真的感受到？

我們現在談一下壟斷。

很多國家的政府都是聲稱反對壟斷的。因為如果出現壟斷，便會缺乏競爭，而壟斷者通過壟斷行為可以獲得巨大利潤。所以，很多國家都有相關立法，制止壟斷行為的出現。

這需要解釋一下，以香港特別行政區為例，立法會已於 2012 年 6 月通過了《競爭條例》，並於 2015 年 12 月 14 日全面實施。

按香港競爭事務委員會所提供的資訊，《競爭條例》有三項守則去禁止限制競爭行為。該三項守則為 [5]：

「第一行為守則禁止反競爭的協議；

第二行為守則禁止業務實體濫用市場權勢；

合併守則禁止反競爭的合併與收購安排。」

世界其他地區，也有很多有關的法例，確保可以杜絕商業領域中的壟

5　　https://www.compcomm.hk/tc/legislation_guidance/legislation/legislation/comp_ordinance_cap619.html

斷現象。

本質上，壟斷即代表了市場上缺乏相關的競爭行為，但為甚麼社會上又需要競爭呢？

按競爭委員會的解釋，競爭的好處是：

「在自由市場經濟體系，企業之間相互競爭，以最佳的價格提供最多元化的商品。在具有競爭的市場，每個人均能享有更佳的價格、更優質的產品，與更多樣的選擇。

競爭亦推動經濟效率及鼓勵創新，促使企業提供價格相宜的佳品來滿足消費者的需求。」

因此應該能夠明白競爭在社會上的重要性，而競爭卻會因為壟斷而消失，所以壟斷行為是不理想的。這個也是世界各地都有反壟斷法的根本原因。

但問題是，一般人只留意商業上的壟斷行為，而忽略了其他領域的壟斷行為。

這個被故意忽略了的壟斷行為，正是經濟教育出現問題的本源。

——那就是知識壟斷！

走筆至此，本書已探討了很多西方主流經濟學的錯漏之處。而很多這些錯漏，其道理都是很簡單的。經過筆者解釋，相信很多人都能完全明白。但問題是，如果沒有特別提出，很多人都察覺不出這些錯漏。其實，不要說一般人，就算商科畢業的大學生，有很多人都沒有體會到這些錯誤。

需要指出，大學教育的重點之一就是培訓學生進行批判性思考，但事實與理想剛好背道而馳。筆者在香港、內地及外國一直都有任教及指導學生進行研究，多年來發覺不同地方的大學生都一模一樣，大部分人都沒有對經濟理論作出批判性思考。這個現象不止侷限於香港，而是一個世界性

的普遍現象，不同地方的大學生都經常犯以上的錯誤。

退一步想，為甚麼學校所主張的批判性思考，卻不能夠應用在發現經濟理論的錯誤呢？

其中一個主要原因，就是很多人盲目相信教科書的權威，誤以為教科書沒有問題，所以很多人也不會思考。試問一下，又有幾多人曾經懷疑過教科書的真確性呢？因此很多人都是對教科書所提供的資訊全盤接受。

而這種思維模式，正是給有心人一個有機可乘的機會，藉以影響眾多人的經濟觀及世界觀。

教科書與知識壟斷及學術霸權又有甚麼關係呢？

第一個需要考慮的是教科書與知識壟斷的關係。

知識世界中的商業壟斷？

James：「龔同學，妳一直都熟讀西方主流經濟學的教科書。但以前有想過我提出來的錯漏嗎？」

龔同學：「老師，你提出的東西我現在都明白了，教科書確實有遺漏之處。但我認為這些應該都是出版社的無心之失，因為如果教科書是故意寫錯，那麼給人發現後，大家便不會再用這本教科書，而會轉去用另外一本沒有錯漏的。長遠來說，錯漏自會得到矯正。」

James：「同學妳有看過十年前的教科書，廿年前的教科書，甚至更早以前的教科書嗎？」

龔同學：「老師，我沒有。有差別嗎？」

James：「我建議你蒐集不同年代的教科書，然後看一下內容的變化。你會發覺書上提出的主張，居然是跟美國及西方國家的政策相配合的。而且令人驚訝的是，不同出版社出的教科書，都是有相類似的錯漏。」

龔同學：「那麼近來的經濟學教科書有明顯轉變嗎？」

James：「本世紀以後的基礎西方經濟學教科書，內容都是差不多。換句話說，我之前提出的所有教科書錯漏，都不是近期才出現的。其中有很多錯漏，至少在今個世紀的這 20 年都已經一早存在，甚至有超過 20 年以上的歷史。而同學妳認為所有錯漏都是無心之失，給人揭發了後自然會改過，而所有錯漏都只是短期的，這個想法與現實並不相符。」

龔同學：「老師，我不明白。市面上有很多教科書出版社，而且每間大學又可以自由選擇課本，既然如此，錯的課本自然會被拋棄。如果有錯漏，為甚麼會長期存在呢？這個非常不合理啊。」

James：「同學開始作出批判性思考了。解釋這個之前，可以考慮幾個問題，第一個是教科書中的問題長期存在，但為甚麼沒有人去修正？第二個是為甚麼大學及教育機構很少人發現及提出教科書的問題？明白這兩個問題，便可以了解為甚麼會有這些不合理現象的出現。」

龔同學：「為甚麼呢？」

James：「就如我之前所說，西方很多主流經濟教科書的理論都是為西方政府的政策及財團發聲。」

龔同學：「這個我不同意，教科書是學術界的，而不是商界的，因此教科書是中立的。怎麼又會為政府及財團發聲呢？」

James：「要了解這個，就要看學術界是否中立，還是被控制……」

大部分人都覺得學術界，尤其西方學術界比較中立。

我們在這裏嘗試探索一下這個方面。

筆者以前一直在海外院校任職，就算回流香港之後，也都在多所大學工作。就算現在，也都有在國外大學做兼職。因此，對西方學術界的操作及手法，都非常認識。

貼地經濟學 —— 當理論背離現狀時的避險課

以下所介紹給各位讀者朋友的，都是事實。但這會顛覆很多人的思想，因為會令他們發現原來自己的想法與現實格格不入。希望大家明白真相以後，會對西方學術界有一個更清晰的認知。

大部分人覺得教科書很難造假。其中一個原因就是他們相信西方擁有言論自由及學術自由，所以如果教科書有造假的事，便會立即遭人揭穿。接着便會被讀者唾棄，人們會轉去正確的教科書，而錯誤的教科書也將會被市場淘汰。因此很多人認為教科書這個市場是有自我糾正能力的，也因為如此，他們相信教科書的內容很難造假。

但問題是，本書已經提出很多教科書故意引進的錯誤。但為甚麼這些顯而易見的錯誤，一直存在於教科書之中，而一直沒有被糾正呢？

這個看似簡單的問題，但就是很多人都回答不了。

我經常問學生，現實和理論不符的時候？到底是現實錯，或是理論錯？

這個，當然是理論錯。

因為現實就是實際情況。那又怎麼會錯呢？所以基本上是人的想法和理論出錯。

由於教科書有很多故意引進的錯誤，但一直以來沒有人糾正，而這個是鐵一般的事實。因此，那麼就只能是教科書很難造假的這一個想法有錯了。

換句話說，一般人所認為的教科書如果造假，便會立即遭人揭穿，然後大家會轉去其他正確的課本，錯的教科書會自動被市場淘汰，所以教科書很難被人造假，這個一系列的想法在現實上是錯誤的。

這個看似非常邏輯的想法，又錯在哪裏呢？

答案就是：市場。

西方很多政客都有粉絲團，不說你可能不知道，在社交媒體 X 也有一個非常奇特的叫 Boris Johnson's Hair 的 @Boris_Hair 賬戶，專門分享英國前首相約翰遜的古怪髮型。

試想像有一家理髮店，他們的職員只會剪一種頭髮造型。不論客戶有甚麼要求，理髮店都會將所有男女客戶的髮型全部剪到跟約翰遜一樣。雖然有一些客戶情商高，不會即場發作，但應該很多人也不會再光顧了。如果理髮店繼續如此操作，長久下去，客戶都跑去別家了，這樣的話，這間理髮店最後真的會被市場淘汰。

但為甚麼理髮店會被淘汰，但教科書卻沒有被淘汰呢？

因為市場不一樣，你不喜歡一家理髮店，你可以去別家啊。他們也沒有用槍指着你啊，所以你可以選擇。因為理髮行業是一個充滿競爭的市場，你不喜歡這一家，去別家便好。

但是細心再思考一下，教科書市場是一個充滿競爭及有很多替代品的市場嗎？

驟眼看上去，可能是的。因為有很多教科書的出版社。所以按道理來說，你不喜歡這家，還可以去另外一家啊。

問題是這個根本就是個假象。因為教科書的市場，很大程度上是沒有競爭，而是一個壟斷的市場。

另外需要指出的是，由於以美國為首的發達國家集團掌握了學術話語權，因此在學術界，美國相對其他國家擁有更高的學術地位及權威性。所以，不得不否認，全世界，包括很多發展中國家，他們在學術領域中，都是很大程度地模仿西方發達國家，尤其是美國。

正因如此，很多國家的大學都是選用美國的課本，然後再翻譯成當地語言作為教材。香港很多大學院校就是這個狀況，用的教科書大部分都是美國的教科書及相關教材。其實這個也不是香港的特有情況。筆者在海外

其他院校工作時，都是差不多。

很多國家為了配合當地文化及經濟狀況，所以很多時，他們的教科書會用美國版本作出修改。而修改的地方多數是用當地普遍使用的慣用語，及一些當地事件作為教科書中的例子。因此很多教科書雖然有本地的元素，但大都是只限於慣用語及例子的不同，而最重要的理論部分都是跟從美國的版本。

下一步，我們便需要了解美國的教科書行業及其相關特性。

為此，我們先看一下美國教科書行業是否出現壟斷行為。

按研究機構 Education Data Initiative 的網站在 2023 年 11 月提供的資料，在美國，80% 的教科書市場由 McGraw-Hill、Pearson 及 Cengage 這三間公司所控制[6]。這三間公司根本就壟斷了整個教科書行業。

很多人以為，出版教科書的出版社有很多，你不光顧這間出版社，可以選另一間的。可是，美國資本集團通過收購合併，已經將很多中小型的出版社組合成大型出版集團，變成嚴重壟斷的情況。

我們知道如果在一個壟斷的市場，基本上是沒有任何選擇。市場上由於缺乏競爭，所以商家提供甚麼，你也得強迫接受。而且由於沒有競爭，價錢也貴得離譜。

以下再會通過價錢作為切入點，深入看看教科書市場是否真的是出現壟斷的情況。

下圖是該研究機構對教科書價錢的分析結果，為了方便討論，現在節錄部分重點如下：

6　　　https://educationdata.org/average-cost-of-college-textbooks

美國教科書市場被壟斷？

Average Cost of College Text| × +

→ C ⌂ ⇄ educationdata.org/average-cost-of-college-textbooks

The College Textbook Industry

Three (3) publishers control over 80% of the U.S. college textbook market: McGraw-Hill, Pearson, and Cengage.

- The textbook publishing industry was valued at $5.58 billion in 2021.
- Pearson had a 14% drop in textbook sales in 2021, while maintaining a 14% increase in online learning and a 41% increase in virtual school enrollment.
- Pearson saw a 32% growth in Q3 of 2020.
- Cengage saw a 40% year-over-year growth in online skills revenue, and its digital sales have now offset the setbacks from declining hard copy book sales.
- 77% of postsecondary faculty report that in meetings with publisher sales representatives, prices of books are rarely volunteered.
- 38% of faculty report they've received a direct answer about price information when they asked for it.
- Publishers market "bundles" of books and course materials that cannot be bought separately, yet only 50% of instructors indicated they utilized the extra materials.
- 34% of faculty could not adopt the textbook of their choice without the bundled material or were unaware if it was an option.

Analysis: Why Are College Textbooks So Expensive?

New textbooks are expensive whether they are hard copy or digital. Meanwhile, publishers and schools find ways to make purchasing the newest texts compulsory.

經濟學──當理論背離現狀時的避險課
貼地

- 本科生平均一學年為書籍和用品支付 339 至 600 美元。

- 25% 的學生表示他們加班以支付書本和教材費用；11% 的人為了買書和課程教材而不吃飯。

- 66% 的大學生在職業生涯的某個階段放棄購買或租用教科書等課程教材，因為售價太貴了。

需要指出，以上的資料皆來自 Education Data Initiative，一個專門收集有關美國教育數據的研究機構。

令人非常震驚，號稱發達國家的美國，居然有四分之一的學生說需要兼職加班來支付教科書及教材開支。另外，由於教科書實在太貴了，所以有三分之二的大學生曾經在讀書時，沒有買或租教科書來學習。

這情況是非常令人詫異的，坦白說，很多大學生就算有教科書，學習都不一定見得好。而如果學生因為價錢太貴，而乾脆在學習上不使用教科書，他們的成績勢必受影響。

沒有離譜，只有更離譜，研究更發現有一成學生，居然為了買教科書及課程教材而不吃飯。想不到，節衣縮食，捱饑抵餓，希望通過寒窗苦讀，能有朝一日飛黃騰達的學習境況，不單出現在古代考科舉時的中國，居然也發生發達國家——美國——的校園之內。

以上的數據反映出，由於教科書市場是處於極度壟斷的狀況，根本就缺乏競爭，所以教科書的價格才高得離譜。

看完學生的悲慘情況，我們收拾一下心情，再看一下實際教科書的費用。

以下再引用該研究機構的報告，並節錄重點如下：

- 截至 2021-2022 學年，專上學生平均每年花費 628 至 1,200 美元購買書籍和用品。

第四章：財金「偽」術

- 實體書籍的價格高達 400 美元，平均價格在 100 至 150 美元之間。

- 教科書的價格平均每年上漲 6%，每 11 年翻倍。

- 教科書價格的上漲大約是通貨膨脹率的三倍。

- 1977 年至 2015 年間，教科書的費用增加了 1,041%。

數據是如此的觸目驚心，實體書籍的價錢可以高達 400 美元一本。平均來說，學生每年都要花費 600~1200 美元去購買書籍及相關學習用品。需要指出這個是平均開支，因此有學生的開支比這個更加高。

而由於教科書市場處於極度壟斷的狀況，因此教科書的價格升幅遠比通脹高三倍。基本上，每 11 年教科書的價格便翻一倍。

讓我們再看一下高昂的教科書費用對學生們的影響，節錄該機構的研究相關重點如下：

- 大多數教授認為課程教材的費用對學生來說是一種負擔。

- 20% 的大學課程不及格的學生是由於教科書和教材的費用造成的。

- 90% 的教授表示學生的教科書和教材成本過高。

- 教科書的消費價格上漲了 88%。

按該組織的研究結果，很多教授都認為，包括教科書在內的課程教材，對學生來說是一個很重的負擔。

教科書的消費價格居然上漲到離譜 88%。另外一個非常離譜的現像就是，有五分之一的學生成績不合格，原因居然就是因為他們負擔不起教科書及教材。這個令人驚訝的發現，正正刻畫了由於商業財團在教科書行業的壟斷行為，令到學生未能好好學習，影響成績。

而課本的高昂費用，不止是學生能親身感受，就算連老師也是有同樣

的共識。

我們簡單總括一下。

通過觀察價格，可以了解到西方的教科書市場是一個被嚴重壟斷的市場，因此這個市場是非常缺乏競爭的。

既然因為嚴重壟斷，而又缺乏競爭及代替品，所以就算教科書有錯漏，但由於基本上都沒有代替品，所以就算內容有問題，也不會被市場淘汰。這就解釋了為甚麼教科書中的問題長期存在，卻一直沒有得到修正。

以上美國三間最大教科書出版社的編輯，可形容為世界知識的控制者。他們能夠隨心所欲地決定教科書的內容。因此，他們能夠左右全世界不同國家的學生的學習內容。

細思極恐，就是這三家公司，他們能夠主宰全世界學生的知識。他們想你學的，便批准出版；他們不想你知道的，便在出版前，從教科書中統統刪除。由於學生大部分的知識來源都是課本，所以這三家公司絕對能改變全世界學生的世界觀，更可以影響不同國家人民的價值觀，左右其思想。

這也說明了為甚麼很多不同的出版社所出的課本，出錯漏的地方都差不多。因為只要這三家公司聯合在一起，他們便可以主宰世界的知識。

這個看上去令人毛骨悚然的狀況，正正就是隱藏在學術界背後的殘酷現實。

我們可視之為西方軟實力的表現，通過控制教科書課本的出版，可以宣揚他們想宣揚的信息，壓抑他們想壓抑的知識，影響下一代的思想。

而西方教科書出版社背後所代表的商業集團，在選擇教科書的資訊時，當然得要維持商業集團利益，加以配合。所以為甚麼我們經常可以發現教科書中很多偏頗及遺漏之處，都是為財團及西方政府發聲，這個道理昭然若揭。

第四章：金融「偽」術

學術體系裏的金元控制

龔同學:「老師,我不是針對你。但我是奇怪為甚麼你發現到的問題,都沒有其他人提及過?世界上除了你以外,還有很多很多教授及學者,為甚麼他們都不提出呢?」

James:「這個問題很好,你說在哪裏看不到我說的這些啊?」

龔同學:「書本。」

James:「就是啊,剛才已經說過,教科書行業基本上是由該三間公司所壟斷,如果有違反他們想法的,又怎能出版呢?妳認為他們會將我提出來的東西,加入他們的教科書中,以證明他們自己是錯的嗎?」

龔同學:「但你能否解釋給我聽,為甚麼其他教授,有很多學術上比你更高級的,為甚麼他們又不提出來呢?」

James:「他們心目中如何想,我不知道,也不能代他們作答。但很多時,問題都是來自學術界的制度。」

龔同學:「這個關學術制度甚麼事呢?」

James:「因為西方的學術制度,經過西方財團的侵蝕,已經變成扼殺學術及言論自由的機器。」

我們現在繼續研究第二個問題,即教科書既然有問題,但為甚麼很多學術體系中的人都沒有發現這些錯漏,反而繼續照本宣科,繼續將錯誤的訊息傳播開去呢。

需要知道,學術體系中有三個主要組成部分,一個是院校,另外一個是學生,第三個是大學老師。

本書所提出的教科書中的問題,都是顯而易見,全部都是非常容易理解。但奇怪的就是,這些錯誤,雖然通過了教科書出版社的批准而出版,

經濟學 —— 當理論背離現狀時的避險課

但還得通過學術體系，才能宣揚開去。為甚麼學術體系中的三個部分都未能察覺這些簡單錯誤呢？

整個過程涉及校方，學生，及老師三個方面，但全部都未能發現。認真反省一下，這個是一個非常恐怖的制度。錯誤的信息，居然能避過學術體系的重重審查，居然沒有人發覺，而且更可以繼續地向學生傳播開去。

第一條問題是，為甚麼大學院校沒有發現教科書的錯處？

先看一下大學院校及老師在選取教科書的操作手法，便可以明白箇中原因。

很多院校為了確保自己學校的教學水平能和世界其他大學接軌，因此會傾向於選擇其他院校通用的課本。所以很多大學，他們就會直接選用美國著名大學所用的課本。

其實老師這個選擇也有其考慮因素，因為如此做的話，別人便很難對你作出批評。想像一下，如果老師選擇課本時，沒有選擇名校用的課本，而用一些非主流的材料作為教材，例如，如果有老師選用本書作為教材，那麼學校的管理層便會質疑你的決定，問：為甚麼你選擇這些教材，這些教材都沒有人用，為甚麼你不用美國哈佛或麻省理工的教材，卻去選用 James 教授出的書作為教材呢？因此為免麻煩，很多老師不假思考，便會直接選擇這些其他著名院校用的教科書作為教材。

就算是西方名校用的教科書，很多也是那幾間出版社出版，內容也都是有問題的啊，而教科書當然不會說自己有錯。所以如果一間大學按照西方名校的標準，也用了這些教科書，那麼這些錯誤資訊，便會融入教材用來教導學生。

另外，西方大型教科書出版社的其中一個「德政」，就是為任教的老師預先提供很多設計好的教材，例如教學用的講義及練習題目，以及測驗和考試的題目。很多大型的教科書出版社都會免費提供給教學的老師一些

題目資料庫，而這些題庫中包括了選擇題及文字題，內容涵括教科書的所有章節。當然，這些出版社不是慈善機構，所以他們提供這些教材，都是有條件的，就是教師們需要選用這本教科書作為他們的指定課本，然後這些出版社才會提供講義及題庫給老師使用。

由於出版社都已提供了這個服務，因此很多老師都懶得自己設計講義及出題目，往往會直接用出版社所提供的這些教材。這個看似減輕老師工作量的附加服務，其實內裏是有很大的問題。

不當之處就是當教師們發覺選用那些大型出版社的教科書作為課本後，能夠大大減輕自己的工作壓力，因此很多老師在選擇教科書時，便傾向選擇這些提供教材的西方大型教科書出版社。這個雖然不是賄賂，但本質上和賄賂實在有很多相似之處。

如果出版社提供金錢利益給老師，而老師因為金錢的利益而選用這家出版社的課本作為指定課本，更要求學生購買這間出版社的教科書，很明顯這個是一個賄賂的行為。但是，如果出版社提供教材及題庫給老師，而老師因為工作量大減而得益，所以老師便決定選用這些出版社的教科書，這個賄賂的性質卻沒有那麼明顯。

但本質上，其實都是出版社提供利益，而老師則選用對他提供好處的出版社。唯一不同的是，如果提供金錢利益，這是非常明顯的賄賂行為，但提供教材則屬於比較迂迴曲折的操作。但無可置疑的是，不管是提供金錢利益，或者是提供其他好處，這些都在很大程度上影響了老師選擇課本的決定。

通過以上的解釋，讀者們自可以明白為甚麼很多院校都繼續使用有明顯錯誤的課本。

看過了院校，我們再考慮一下學生。為甚麼學生也看不出教科書的錯呢？

經濟學 —— 當理論背離現狀時的避險課

這個又有很多原因，第一個是雖然大學鼓勵批判性思考，但學校根本不會鼓勵學生去批判教科書的內容。換言之，批判性思考的重災區，居然就是在教科書，這個實在令人啼笑皆非。而這個也是教科書的錯漏沒有被學生發現的原因之一。

另一個很重要的問題就是，教科書的出版社藉着提供教材這個操作，出版社便可以通過題目的設計，故意迴避了有爭論性的部分。而且他們更加可以自行選擇課本內所有的案例，將不符合經濟理論的所有例子全部刪除，而令到教科書的所有例子都符合教科書所提出的理論。

最終結果是，由於出版社提供了講義、練習題、測驗題及考試題。所以出版社能對所有教學內容作出全方位控制。而學生們在學習時因為要做大量練習，不停重複鍛煉書本的理論。而測驗及考試試題又是同樣的內容，因此學生為了順利畢業，便得不停背誦那些偏頗理論，才能成功應付功課及測驗，考試。日復一日，不被教科書洗腦才怪。

反過來說，由於出版社包辦了教學過程絕大部分教材，所以違反教科書理論的東西根本不會在教學過程中出現。這也是非常有誤導成分的，令到學生未能作出批判性思考。

因此，很遺憾地說，按照目前的學術制度，學生們很難發現出教科書的問題，也很難作出批判性思考。

我們看過了院校及學生的部分，現在去看最後的部分，即教師為何不能發現教科書的錯處。

這就牽涉到在學術界中，大學老師的飯碗及升遷問題。

先解釋一下，因為很多不是學術界的人，根本不知道如何評價一個大學教授的學術水平。我們平時評價一個教授學術的水平，究竟是如何決定的呢？

• 會不會是看他在教學時，教導出來的學生的學術水平如何？

第四章：財金「偽」術

171

- 或者是看他究竟帶了多少學生一起做學術研究？

- 會不會是看他進行學術授課時，受不受學生歡迎？

- 還是看他在社會上，或學術團體中是否擔任很高的職位？

- 或者是看他出版了多少書？

- 會不會是看他寫了多少本教科書？

能夠正確回答以上的問題，代表你也明白學術圈是如何定義一個教授的學術水平。

那麼以上六條問題，哪一條可以用來看一個教授的學術水平呢？

答案是——以上六條問題，全部都不太適宜用來評估老師的學術水平。

基本上，評估一個老師的學術水平，除了著名的學術獎項以外，最主要是看他出版的學術論文多寡及其質量。而其他以上種種的成就，則沒有太多人理會。

很多人誤解，以為評估一個教授的學術水平，很大程度地視乎他出版的書籍。需要指出的是，書籍在學術界的認受性遠遜於學術論文。

所以一個老師如果想在學術圈飛黃騰達，追求理想，則需要經常在學術期刊中出版一些學術論文。

這個又得介紹一下甚麼叫學術期刊。

學術期刊基本上就是一些平常人沒有興趣看，而只是那個領域的專家學者才會閱讀的學術刊物。而這些刊物的讀者群，主要是同一研究領域的其他學者。

需要留意學術期刊與一般書籍及雜誌的格式，很不一樣。

很多書籍，例如你手中的這本，出版時間不是定期的。而一本書雖然

分了不同章節，但都是圍繞同一個主題，由作者一手包辦寫出來。

　　一般的雜誌，則多數定期出版。雜誌中分了不同的專欄及欄目，每個欄目則由不同的作者撰寫，而雜誌社收取了各位作者的稿件，然後合併成一本雜誌。

　　而學術期刊，則多數也是定期出版。學術期刊的每一期，當中會包含很多篇的學術論文，而每一篇學術論文都由不同的學者所撰寫。學術期刊則將這些由不同研究人員各自獨立寫出來的學術論文，放在一起來出版。由於每一個作者他們的研究都是獨立分開的，所以同一期學術期刊中的每一篇學術論文之間也沒有太大關係，都是各自做各自的研究。所以，每一期的學術期刊，都包含了很多不同的獨立研究。

　　每間學校的老師，如果他們做了研究，便可以將他們的研究成果寫成學術論文，然後嘗試向這些學術期刊投稿。投稿後的學術論文稿件，通常會經過一個評審的過程。而通過評審的文章，再經過編輯同意及接受，便會放在學術期刊的某一期中，和其他也都通過評審的學術論文一起出版。

　　世界上，同一個領域的學術期刊雖不至於用恒河沙數來形容，但數量也很多，因此也會出現良莠不齊的現象。因此，在評審老師的學術水平時，也需要看出版學術論文的那一份學術期刊的質量。如果一個老師的研究很好，卻出版在質量很差的學術期刊，那麼其研究成果也不會被學術界及學校重視。相反，如果能夠在世界上最頂級的學術期刊出版自己的研究，那麼就算研究的水平普普通通，依然會獲得全世界的讚許。

　　因此，評估一個老師的學術水平，不單止是他自己的研究，還需要看他的研究發表在哪一份學術期刊上。能夠在世界頂級的學術期刊出版，基本上以後想去哪裏工作，都有大學願意聘請，獲得了終身飯票。

　　上述重視刊物，而輕視研究質量的做法，實在是本末倒置，但現實就是如此。畢竟這個就是世界頂級學術期刊的名牌效應。

這又令我聯想到所謂的「裝修效應」。有一些人比較挑剔，去餐廳吃飯，除了食物的質素，還重視餐廳環境的裝修狀況。試想像一下，如果有一間帝王級的餐廳，需要花費幾萬元，在一間裝修極度豪華的地方吃一碟炒飯。由於裝修極度奢華，如皇帝宮殿一樣美輪美奐，就算食物做得普普通通，但能夠去這裏用膳，也是有很多人會用來炫耀打卡。相反，另一間街邊小店，同樣的食物及味道，賣你幾十元錢，卻可能乏人問津。其實真相可能是，那個吃了幾萬元炒飯的人也感覺受騙，但怕如果說出來，反而會被人嘲笑自己愚蠢，那麼倒不如不作聲罷了。

去餐廳吃飯，只重視裝修，反而不理會食物質素，這個做法就是一個本末倒置的好例子。而那間帝王級的餐廳，由於有名牌效應，就算推出一些普通食品，仍會有很多人盲目附和，因此只要把自己的名牌效應做起來，以後自能坐享其成。但條件是，要排除競爭，不能讓整個社會有很多同類型的帝王級餐廳，如果做得到，便能夠實施壟斷，牟取暴利。

我們會繼續探討學術壟斷的問題，但現在先回到學術期刊清單的討論之中。其實每間大學都會訂立標準去評估學術期刊的優劣。大學會將他們認為比較優秀的學術期刊，彙總成一個該大學認可的學術期刊清單。而大學的老師，如果想獲得學校對他們研究的承認，則不能夠隨便將自己的學術論文出版在不受認可的學術期刊，而需要將學術論文出版在那些受學校認可的學術期刊。因此，所有進行研究的學者，都非常重視學術期刊的認可程度。所以很多學者在投稿前，都會先調查想投稿的那個學術期刊有沒有被認可。

雖然每間大學都可以定立自己的標準，制定自己認可的學術期刊清單。但很多時他們都會參考 Science Citation Index（SCI）、Social Sciences Citation Index（SSCI）， 以 及 Arts & Humanities Citation Index（A&HCI 或 AHCI）這三個學術期刊目錄所列載的學術期刊。

SCI 列載的主要是科學類別的學術期刊，而 SSCI 則主要是社會科學

貼地經濟學——當理論背離現狀時的避險課

類，A & HCI 則是其他的藝術及人文學科為主。所以一般經濟學的研究主要是 SSCI 所列載的類別。

每個國家及每間大學都有自己的學術期刊清單，但以上那三個則是非常重要的。不少大學在評比老師的學術水平時，都會參考這三個清單，然後再修改之。而很多時候，這三個學術期刊清單所評比為最優秀的期刊，很多大學也會依樣畫葫蘆，會將這些期刊列在他們大學的認可頂級期刊清單之中，順理成章，很多老師也會參考這三個清單去選擇期刊投稿。

學術界的隱形之手

James：「同學們，現在都明白學術界如何評比學術期刊的質量了嗎？」

洪同學：「明白了。」

龔同學：「我也明白。」

James：「你們覺得有甚麼問題？」

龔同學：「這個會有甚麼問題呢？學校依據自己的需要，以及參考全世界權威學術期刊目錄，去制定自己學校受認可的期刊清單，這個可以杜絕老師胡亂在一些垃圾期刊中出版。而由於老師如果出版在受國際學術界均認可的期刊之中，他們的研究質量都有保證。這個可以客觀評估老師的表現。我同意這個公正的處理手法。」

James：「學校選擇自己的學術期刊清單之時，他們需要參考那三個學術清單。而那三個清單為甚麼有如此崇高的學術地位呢？」

龔同學：「因為這三個學術清單都是有世界權威性。就算我們自己大學的清單，不就是和他們有很多重複之處嗎？所以它們代表了全世界學術界的共識，清單列載的就是好的期刊，不好的它們也不會收錄在內。」

James：「同學，妳知道這三個清單是由哪個國際學術機構所制定的嗎？」

龔同學：「我太清楚，是不是聯合國？或者甚麼科研組織呢？」

James：「現實和你所想的有很大不同。」

一般人都會認為這三個對學術界影響深遠的清單，應該是由學術機構所制定的，或者是由甚麼大學評審委員會等等所擬定。如果你有同樣想法，那麼你就大錯特錯了。

制定這三個期刊清單的是一間純商業機構，而根本不是甚麼學術組織。更不是聯合國，也與科研組織沒有直接關係。

真相是：制定清單的就是一間西方商業公司！

整件事要由一個叫做 Eugene Garfield 的商人說起，他在 1958 年向 Household Finance 借了 500 美元，在美國賓夕法尼亞州的費城成立了一間叫 Institute for Scientific Information（ISI）的公司。在 1992 年，ISI 被 Thomson Corporation 的子公司 Thomson Business Information 收購[7]。在 2008 至 2016 年由 Thomson Reuters 所擁有，然後在 2016 被賣給 Onex Corporation 及 Baring Private Equity Asia[8]，而這部分的業務再改名為 Clarivate。在 2019 年 Clarivate 與 Churchill Capital Corp 合併，並在紐約證券交易所上市[9]。

我們看一下這幾間公司的背景。

Thomson Corporation 是世界超級大財團，主要業務包括金融、醫療、法律、科技及稅務和會計。在 2008 年，它收購了 Reuters Group（路透社集團），成立 Thomson Reuters（湯森路透）。因此這間公司經營的領

---

7   https://thomsonisi.com/ts/isi/timeline

8   https://www.prnewswire.com/news-releases/acquisition-of-the-thomson-reuters-intellectual-property-and-science-business-by-onex-and-baring-asia-completed-300337402.html

9   https://www.prnewswire.com/news-releases/churchill-capital-corp-completes-merger-with-clarivate-analytics-plc-300848873.html

貼地經濟學——當理論背離現狀時的避險課

域，便由金融領域擴展至傳媒，其中一個業務就是路透通訊社。

Onex Corporation 則是一間加拿大投資管理公司[10]。

Baring Private Equity Asia（BPEA）是一間投資公司，也是 Baring Private Equity Partners 的子公司。

而 Churchill Capital Corp 則是商業投資機構。

以上所有公司都是商業財團，而且很多都是金融財團。你沒有看錯，評定全球學術期刊學術水平的，就是一間西方商業公司，而這間公司背後就是被這些商業及金融財團所擁有。而根本不是由甚麼聯合國、學術或科研機構。

恐怖的地方是，追本溯源，原來很多大學所依靠的評級系統，他們的來源居然是一間西方商業公司，而這間公司則由財團所把持。需要明白，商業財團不是慈善機構，就如索羅斯所言，投資是以牟利為目標。

索羅斯曾經明言，他的作為全是為了賺錢，所以他也不會考慮他所做的事而帶來的社會後果。畢竟這個就是資本主義的運作。因為如果索羅斯不能夠為公司賺錢，他自己也不能繼續做下去，很快就會被股東們趕下台。所以，西方所有財團的負責人都是要全力為公司牟利，而公司的目標也是為股東們賺更多的錢。

其實這個對學術界來說，根本是一個大有問題的制度。

商業集團的目標是賺錢，但是現在居然擔當起判定學術優劣的判官。

將學術交給財團，不排除的一個可能性，就是在評選學術期刊的過程中，出現利益衝突時，財團有機會發揮影響力，選擇一些對他們有利的期刊，將這些期刊收入在他們的認可期刊清單之中。而同時將反對財團的期刊，排除在清單外。由於目前尚未建立一些獨立的制度去監察財團對學術

10　　https://www.onex.com/

評級的影響，因此目前的操作，確實很難釋除公眾的疑慮。

通過以上的討論，自可以充分明瞭學術界為甚麼一直受財團影響。

也因為如此，如果細心想一下，為甚麼學術界充滿偏幫財團的錯漏，這個也就不足為奇了。

其實 Clarivate 就經常被別人批評，因為他們很多時候都是違反競爭，業務中充滿壟斷操作，尤其是在學術資料庫這個市場。很多人批評他們在價格上進行壟斷，而且服務也不理想。這些批評，就正正反映出他們的壟斷性是多麼嚴重。

這個學術壟斷的問題，對社會來說，也是非常不理想。

因為大學教授如果想升職，那麼他需要在這些認可清單中的期刊出版，才能獲得校方青睞。所以他就會去調查清單中的期刊多數是出版甚麼內容，而這些期刊的編輯又偏好甚麼立場的研究，哪些立場的論文又比較容易出版等等。然後自己投其所好，進行相類似的研究，希望迎合期刊及編輯的立場，以增加在這些期刊的刊出機會。

由於大學教授都會想方設法在這些認可的期刊出版，所以他們便得接受這些期刊的觀點及立場，再進行符合期刊立場的研究。

因此，如果有一本期刊是專供學者發表反對西方主流經濟學的研究，那麼這本期刊就有機會不被收納入期刊清單之中。那麼，以後就不會有學者進行這個方向的學術研究了。因為學者們都知道，就算自己的研究如何成功，但在最後都不能夠發表在認可的期刊之中，所以他們根本就不會開展這些研究，而會轉去做那些容易出版的研究。

所以如果控制了學術期刊的評比，絕對可以左右學者的研究方向。

更可怕的是，由於學術期刊的評級被商業公司所控制，所以很多研究都是一面倒，基本上所有出版的論文都是支持期刊立場的。因此你會發覺有很多學術期刊的研究都是支持西方經濟學教科書中的理論，但這些期刊

卻沒有出版反對的研究，很多人便誤以為這個是學術界的共識。事實上，不是沒有反對的聲音，而只是持相反意見的人，就算做了相關研究，也不能夠出版，他們的研究根本就沒有其他人知道。另外，亦有很多人為了自身前途的考慮，明知這些研究以後都不能夠出版，所以一開始，他們便根本不會浪費時間去選擇這些課題作為研究方向。

結果這便令人出現錯覺，錯誤地以為全世界大部分的研究都是證明教科書的理論是正確的，但背後真正的原因卻是，反對的研究根本不能夠出版，所以沒有人知。

而且這個也迫使很多大學教授為了升遷，因此在研究選題方面，儘量去符合西方期刊的立場，為西方的錯誤經濟理論去鳴鑼開道，也為西方的經濟政策背書。這個迫使本來探求真理的學者去附和錯誤理論的做法，就如同在抗日戰爭時期，強迫人民加入偽軍一樣，實在令人唏噓。

寫到這裏，筆者也實在感到無奈、惋惜及悲憤，整個事態令人仰天長嘆。

通過這個隱蔽的操作手法，西方商業財團便可以掌控整個學術界的話語權，對全世界進行思想壟斷。

這個正是躲藏在學術界背後的隱形之手。

知識壟斷與霸權

在前面部分已經分別探討了教科書的壟斷性質，以及學術期刊評比的壟斷性質。現在再看一下其他教學相關的部分。

其實除了教科書以外，學術期刊的市場也是壟斷的。曾經有人在 2015 做過相關研究，發現所有學術論文的出版基本上由五家西方資本集團所壟斷，分別是 Reed-Elsevier、Taylor & Francis、Wiley-

Blackwell、Springer 及 Sage[11]。

研究者發現這五間西方公司壟斷了世界的學術出版業，共控制了 50% 的學術論文的出版。同時發現這些公司收費非常的高昂，研究的主持人 Vincent Larivière 更指出這些公司賺取的利潤接近 40%，而這些高昂的收費，亦反映了這個市場的壟斷性質。

令人震撼的就是他們發現了有部分的學術領域，基本上由這五間公司所控制並主導。當中以社會科學為重災區，居然有 70% 的論文是由這五間公司所出版。

西方財團就是這樣壟斷了學術界，將學術界最關鍵的三個部分全部牢牢掌握在手中。第一，就是他們控制了教科書的出版；第二是他們控制了學術期刊的學術認可及評級；第三，他們更控制了出版學術論文的學術期刊。

由於他們控制了學術期刊的認可及學術論文的出版，因此如果一個大學老師想得到升職的機會，他便需要跟從其他人，做一些財團認可的期刊的研究，這樣其實極度扼殺了學術自由。而外面的人不知道，還以為學術界是中立的。更有人以為學術研究所得出來的結論，很多時都證明了教科書的正確性，而沒有發現反對教科書的內容，便以為教科書中的理論及研究是真理。

這個三位一體的控制，讓西方財團掌握了學術界的話語權。也因為如此，他們可以通過影響學術界，將他們的意識形態，通過教科書的形式輸出至世界各地。

更甚於此，幕後的財權組織不單止對學生強加洗腦，剝奪芸芸學子批判性思考的機會，更強逼大學老師及學者為謬誤背書，為了要出版學術論文求升遷，所以迫不得已地要對錯誤的理論鳴鑼開道。

11　　https://journals.plos.org/plosone/article?id=10.1371/journal.pone.0127502

而很多商業財團更是通過捐款給大學，影響大學的研究。需要明白，很多財團捐款給大學做研究，他們不是隨便捐一筆錢便算，而是會指出研究方向的。如果大學想得到捐款，便需要按財團所指示的方向，安排相關研究。

其實這個也不是甚麼秘密，很多外國的藥業集團都是如此操作。

如果財團給官員一大筆錢，然後叫他幫忙推動政策，這個有些國家會認為這種做法是賄賂。但是如果財團提供給大學經費做相關政策研究，而大學為了得到捐款，則千方百計做一些迎合財團的研究，發佈對他們有利的研究報告。雖然這些捐款不算是賄賂，但是對社會來說也是有深遠影響。

以上種種皆促進了商業集團對學術的壟斷，也造成了以商業財團為主導的學術霸權。遺憾的是，很多非學術界的人都不知道詳情，而盲目相信教科書中的經濟理論。對教科書中的錯誤，很多老師及學生也沒有進行深刻思考。這些囫圇吞棗的填鴨式教育，致使世界上很多國家的年輕人都受西方主流經濟學教科書洗腦，在意識形態上被影響了，還不自知。

其實如果肯細心閱讀教科書及真真正正作出批判性思考，自會明白為甚麼經常會發現到教科書中的理論有錯漏？而這些錯漏，又為甚麼有很多都是偏幫財團及西方所推行的政策？

想必閱讀本書至今的讀者，應該對這現象有一個充分貫徹的理解。

在此我想恭喜我們親愛的讀者，由於你的耐心及毅力，肯閱讀本書至到這裏，你的第三眼已經開通，視角也和社會上大多數的人不同，能夠看透了事件的背後陰暗一面，洞悉世界的真相。

第五章

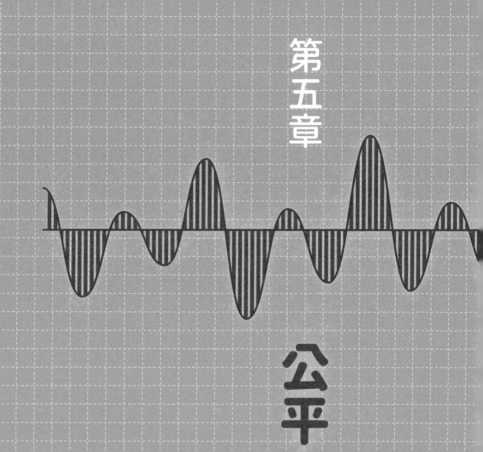

公平、不躺平

最好的政策

當年那兩位應徵經濟部長的應徵者，其中一個被調去了統計部，一直負責經濟數據的整理及發佈。

另外一位最後也被釋放，後來他進入了經濟部。他雖然工作能力不足，但還是勉力去做，最後也升至經濟部長。

但由於他能力不足，因此他整個職業生涯，都是一直處於誠惶誠恐的狀態，心臟負擔極大。

最後他真是因為心臟問題而在任內離世。

他忽然發覺自己置身於天堂的入口，前面有很多靈魂在排隊，他也立即跟在隊伍後面。

排隊七天七夜之後，還差幾個就輪到他了。這時他發現天堂的入口旁邊除了天使，還有以前的那位一早已經過身的前經濟部長。

剛離世的經濟部長便離開隊伍，走過去打招呼：「部長你好，為甚麼你會在這裏呢？」

前經濟部長：「我被分派給了最高級的天堂。每天都在享受，悶極無聊，今天想來天堂入口看一下人間，因此就在這裏。」

剛離世的經濟部長：「你為甚麼能夠被派去最高級的天堂呢？」

前經濟部長：「天使說我對宗教有特殊貢獻啊。」

剛離世的經濟部長：「真是令人羨慕。我正在擔心不知道會被派往那裏。」

前經濟部長：「很快便輪到你，不必緊張。」

剛離世的經濟部長便返回隊伍，繼續排隊。

終於輪到他了。天使問：「你生前是幹甚麼的？」

剛離世的經濟部長：「我生前是做經濟部長。」

天使：「你生前任職經濟部長時，甚麼政策都沒有推行，你知道嗎？」

剛離世的經濟部長，嚇得不知所措，無言以對⋯⋯

天使：「你們全國對你期望甚大，但是你居然只是蕭規曹循，辜負了全國的期望。」

剛離世的經濟部長：「⋯⋯不好意思。是這樣的，由於我智力比較差，沒有好好讀書，也有很多東西搞不懂。所以為免錯漏，我都不敢推行政策。」

天使：「你可以進入最高級的天堂享受。」

剛離世的經濟部長：「真的嗎？實在令人難以相信。是不是因為我在生時，智力比較差，一生都比不上其他人，所以現在給我補償是嗎？」

天使：「根本不是這樣。這個與智力無絲毫關係，只是我們查紀錄，發現你只和你的女下屬一直在偷情。」

剛離世的經濟部長非常不好意思地說：「你們連這個都知道？但請問一下，是否天國改了規矩，現在只需要和女下屬偷情，便可以去最高級的天堂享受呢？」

天使一臉和藹地回答：「當然不是。只是因為其他很多國家跟從了書本的指導執行政策，他們都國破家亡。但你 13 年來只顧偷情，根本無心工作，甚麼都沒有做過，因此令國民避過一劫，所以你可以進入最高級的天堂享受。」

5.1
誰偷走了窮忙族的儲蓄？

有時甚麼都不做，比做得多更加好。

帶過小孩子的都有經驗，幾歲的小孩子如果他們説幫你做家務，基本上就是愈做愈亂。如果他們説幫你打掃衞生，結果往往就是他們愈打掃，地方愈亂，他們打掃完，你還得花費比平時更多精力去重新收拾一遍，有時可能還得幫他們洗澡。

而且很多時，伴隨着孩子做家務，超自然現象也會隨之出現：即孩子打掃完衞生，不知道為甚麼，地下比打掃前更骯髒，但孩子身上也比打掃前更骯髒。那些骯髒，也不知道他們是怎樣搞出來的。

如果幾歲的小孩子自動請纓，説煮飯給你吃，這個就更加不消提了。想做實驗的讀者，可以在家裏趁太太不在時，和小孩子一起做這個實驗。但是要做好破釜沉舟的準備，太太回家後發現了，之後會發生甚麼事，這個你真是要做好心理準備，好好掂量掂量。

其實如果經常做錯事，那麼倒不如甚麼都不做，這個比在後面收拾爛攤子更加好。

個人投資也是如此，如果沒有好好規劃，投資錯誤，不單止不能賺錢，更有機會欠下一身債。

同樣地，國家處理經濟政策亦是一樣，如果不小心執行了錯誤的政

策。不光勞民傷財，也可能導致國家債台高築，反過來影響經濟發展。

　　基本上一個國家所執行的經濟政策都對其國民有深遠影響。所以，如果希望能更好地為自己理財，將自己立於不敗之地，當然需要經常注意國家的經濟政策。但有很多人，都覺得這些資料比較沉悶，他們寧願去看娛樂新聞，看一下那些明星的感情生活，或者明星與明星之間的吵架，也不願意花時間了解對自己息息相關的國家或地區政策。

　　試問一下，連自己國家及地區未來發展如何，都沒有興趣知道。又怎能期望，能夠洞悉先機，在投資或人生規劃中勝人一籌呢？這個不是緣木求魚嗎？

　　由於西方社會側重個人，很多年輕人現在都沒有留意國家政策及國際關係，反而只是注重飲食玩樂。這種重視個人，忽視家庭及國家的心態。令到很多人像行屍走肉一樣，雖然生理上的需求得到極大滿足，但是精神上的需求卻非常匱乏。

　　很多人一直未能把握趨勢，就是因為他們沒有研究國家的未來規劃，而一味只專注個人，卻忽略了國家的發展大方向，及大國競爭所引致的經濟環境的轉變。

　　須知道，最影響一個地方經濟狀況的，其實就是國際關係及國家總體政策。而經濟理論方程式中的各個因素的影響，相比國際政治及國家政策來說，經濟方程式的的影響反而不大。

　　試想像一下，如果有人在中美貿易公司工作，但完全沒有留意國際時事。中美貿易戰爆發後，他的同事都相繼主動離職找新工作，而他還繼續留在公司拼命用心工作，幾年後公司業務不佳，一旦維持不了的時候，最終他也可能被辭退。就算工作多勤力，做事多認真，也沒有用。因為這個是大環境，不會因為你努力而改變。能改變的，就只是你的心態，以及去適應新環境的決心。

同樣道理，如果有人不了解國家的相關科技政策，忽略人工智能的優勢，大學畢業後，還選擇做一些很容易被電腦所取代的工作，幾年後他的行業可能已經變成夕陽行業。不要說派工資，就算希望能保着飯碗，也是整天提心吊膽，擔驚受怕。

　　這不是危言聳聽，由於香港是金融中心，筆者就以前有同學，在大學畢業出來社會工作後，就選擇了股票市場作為自己的發展事業。上世紀八九十年代的香港，能夠加入股票市場，也是非常理想的一份工。

　　我同學當年就加入了股票市場做經紀，即是幫客戶買賣股票的中間人。以前香港買賣股票或者股票的期貨，客戶是需要打電話給自己的經紀，然後對他下買賣的指示，經紀便會按指示在市場買賣。交易成功後，便會通知客戶交易已經完成。他們賺的錢，就是客戶在買賣股票或期貨時，股票行所收的手續費用。

　　但後來隨着電腦科技的發展及互聯網的普及，有很多人已經可以在股票行登記賬戶後，用自己的電腦來進行買賣。所以經紀們的工作已經逐漸式微，雖然還有部分客戶不懂得用電腦的，需要靠經紀來進行買賣，但是其實整個行業已經風雨飄搖。

　　到後來，隨着智能電話的廣泛使用，加上金融科技的發展，用戶已經可以用手機接連銀行及接連股票行。客戶隨時可以將錢由銀行及股票行調來調去。也可以通過手機程式，買賣股票。這個金融科技的發展，令到就算那些沒有電腦的人，也可以自行買賣股票。從此，散戶買賣股票時，也根本不必聯絡經紀，自己進行買賣便可以。依靠股票買賣的經紀行業，基本上便被科技一步步淘汰。

　　由此可見，雖然金融科技一直發展，金融活動也一直存在。但其實在這個過程中，已淘汰了一部分的人。因此在選擇終身職業時，不能不慎。

　　如果想與貧困保持距離，一定要了解國際關係，以及相關的國家政策，也要了解科技的發展。

人生規劃與儲蓄

人生規劃首要論的就是儲蓄。

其實，開展這個討論前，要先了解儲蓄的兩個前題條件。即你需要有一個穩定的工作，而且開支比收入少，如此才能夠儲蓄。

如果未能達至以上兩個條件，則當然要先去找一份工作，然後壓縮開支，如果有錢剩下來，才能夠儲蓄。

觀乎現今社會上消費主義流行，商業財團鼓吹消費文化，有很多大學生，未畢業已經獲批信用卡。但是由於很多人都沒有收入，而就算部分人有一些兼職收入，但由於需要在大學上課，也不能整天上班。因此如果沒有好好控制消費開支，光靠微博的兼職薪金根本入不敷出。所以如果沒有控制開支，基本上未畢業，已經掏空了信用卡，變得負債纍纍。

那些肯貸款給學生消費的銀行及財務公司，都不是慈善團體。大學生借的錢，也得要償還本金及利息。因此，如果在未畢業，已經欠下鉅款，畢業之後，難免需要在每月工資中抽出部分來償還債務，這個便會嚴重阻礙了畢業以後的人生規劃。

在資本主義的社會是沒有免費午餐的，如果學生用信用卡去花費。這個只是將享樂與辛苦的先後時間交換吧了。勤工儉學的學生，在未畢業前，沒有借下鉅款，所以不能花費太多，缺乏享受。但畢業以後，由於不用償還貸款，可以很早開始儲蓄及投資。這個是先辛苦，後舒服的做法。

反觀如果在未畢業前，已經花費大筆金錢用作消費，以後則需要將每個月的工資大部分去償付債務。這個是先舒服，後辛苦的做法。

未畢業的學生，根本沒有賺錢能力，也因此便應該儘量避免非必要的開支。以避免墮入債務陷阱，將現在的快樂換來以後長時間的辛苦。因此，筆者一直都是非常反對學生透過借貸來消費。

而能夠在畢業前，確保沒有欠下纍纍鉅款，就已經是成功的開始。

另外第二個需要考慮的，就是工作方面，需要留意國家政策及科技發展，避免進入夕陽行業，及與其相關的附屬行業，這樣才能確保一個穩定的工資。

不過這個也很難完全避免，由於科技發展經常令人始料不及，因此最好就是經常留意科技發展，再隨時作出調整，方為上策。俗語說：「不能一本通書睇到老」。所以，選擇職業時務必額外小心。

壓縮開支方面，總的來說，這個關乎性格多一些。很多時是一個心態的問題，能省則省，避免不必要的無謂開支，對很多人來說都是說易行難。這些道理顯而易見，但又有幾多人能貫徹執行呢？但無可否認，這個也是其中一個關鍵之處。

因此，如果你有一份穩定的職業，短期內又沒有被淘汰的可能。而你又能夠確保收入比開支更多，恭喜你，那麼你已經完成了第二步，慢慢地可以開始累積個人財富。

你可以準備開始儲蓄了，然後準備投資。

救回被蠶食的儲蓄

以上提到了儲蓄的前置條件，現在終於來到正題，我們現在探討一下，如何避免你辛苦掙來的儲蓄縮水。

很多理財教育，都是鼓勵人們儲蓄。而且書本上經常說，如果想享受複利息帶來的好處，便要提早儲蓄，年紀愈輕愈好。

這個論點不是錯誤，但也有其不足之處。

第一，切勿對儲蓄能夠致富，這個說法有過高期望。

這個需要說清楚，我不是反對儲蓄，相反來說，我是非常鼓勵儲蓄這

個行為。但是我想指出，如果希望單靠儲蓄便能夠發達，這個根本上是沒有可能。

現實上，你又有沒有見過人，光靠儲蓄，便能夠變成大富豪的呢？

那些非常有錢的人家，他們究竟是做生意？還是靠儲蓄才能夠發達的呢？

很多有錢的人，都是先有儲蓄，然後將這些儲蓄轉成投資。經過投資獲得收入及回報，如此便可以有更多儲蓄。這樣構成一個良性循環，才能夠把財富慢慢累積。

因此需要知道，如果光靠儲蓄，遠遠不足，還需要配合上正確的投資。

第二，就是要留意以前所提到的通脹問題。

西方國家由於受商業財團影響甚大，而商業財團則可以在通脹的情況下比工人階層享受更多獲益。基於以上原因，前面探討過，很多西方的政策都是容許社會出現通脹的。甚至有國家更視通縮為洪水猛獸，如果發現通縮，更會即時採取措施，務求消滅通縮，看到通脹才收手。

但通脹是會慢慢蠶食你的儲蓄。雖然你看到隨着儲蓄，你儲存在銀行的存款愈來愈多。但這個也得考慮上通脹的速度。如果通脹的速度和利息的息率一樣，那麼將錢儲在銀行一年後，雖然你的錢多了，但因為通脹也增加了同樣幅度，所以你的購買力根本沒有改變。而如果通脹的升幅多過銀行利息的息率，那麼，你明年的購買力，反而比今年更低。所以我們考慮儲蓄時，也一定要考慮通脹的境況。

因此，如果發現通脹遠高於銀行利息的息率，那麼便可以考慮將儲蓄轉去其他可以對抗通脹的長線投資項目。

但將儲蓄轉去投資，這個無可避免地會涉及投資項目的風險。需要指出，有很多投資項目的資產價格都非常波動，因此選擇投資項目時，也需要多做功課，小心選擇。

了解投資的本質

在選擇投資項目時，有人會選擇外幣，但這個更加要小心。我們在之前詳細探討過，香港特別行政區及其他亞洲國家在亞洲金融風暴時，所遭受外國金融財團的攻擊後，而導致貨幣大幅貶值所帶來的惡果。

需要指出有很多國家的貨幣，尤其是發展中國家的貨幣，都有機會貶值。因為很多國家，他們都信了教科書的那一套，認為貶值能夠促進他們經濟。之前筆者已經揭露了他們的偏頗之處，在此不贅。但如果投資發展中國家的貨幣，真的要千萬小心。

剛出現的例子就是阿根廷，他們採取了極端的經濟措施。新當選的阿根廷總統將他自己國家的貨幣阿根廷披索在 2023 年底貶了一半。如果你持有大量阿根廷披索，那麼你的資產便會給削走一半，真是有冤無路訴。

其實，如果你是一名阿根廷反對派政客，你因為反對政府這個政策而被誣告，扣上了罪名，被罰了一半資產，這個你可以投訴是政治迫害。但一個國家如果執行了錯誤的經濟政策，令到全民受害，一般市民都不能夠投訴政府經濟迫害，而只能夠默默承受苦果。如果按人數來看，錯誤的經濟政策是影響全國人民，其規模之巨，遠多於一名反對派政客。但在總統下台之後，市民大眾根本沒有任何機制可以追究總統在任時，所執行的經濟政策而引致的損失。這個是鼓吹以人民為主的西方政治體系一個非常荒謬之處。

也因為如此，投資發展中國家貨幣的時候，也需留意他們的政治氛圍，尤其那些靠提出極端政策而通過選舉上台的政客，更不得不防。

但需要指出，除了發展中國家的貨幣，其他發達國家的貨幣，也有機會貶值。日本就是一個好例子，因此，選擇外國貨幣投資時，需要避免長期貶值的貨幣。所以如果你聽到有些國家的領導人他們說，他們準備讓自己貨幣貶值以增加就業，增加出口等等，這個代表了他們的長期匯率政

策，那麼就更加要小心。

另外，大家需要明白一些理財概念的不足之處。

James：「同學，你有沒有儲蓄？」

洪同學：「老師，我有儲蓄，但不多，所以正在煩悶，畢業後如何賺錢買房子、娶老婆。」

龔同學：「洪同學，你的想法還是那麼老套，你為甚麼認為結婚是必須的呢？我現在推動女權運動，要求男女平等。我建議你以後就找一個肯和你一起的女子，大家也不必結婚，一起大家分擔租金，住在一起便好。」

洪同學：「不是吧。沒有房子，真的有女朋友，願意和我一起分擔租金生活嗎？坦白說，小芝同學，你肯和我這樣做嗎？」

龔同學：「我當然不會啊，我已經有男朋友。但我不同，因為我的男朋友有紳士風度，我從來就沒有要求他，而是他自己心甘情願幫我付的。」

James：「你倆就再別吵了。龔同學，那妳有沒有儲蓄？」

龔同學：「老師，我沒有啊。我的錢都拿去買了股票。」

James：「買股票？妳有上班嗎？哪來的錢去買股票？」

龔同學：「我是用信用卡的錢去買的。」

James：「妳在股票市場有賺過錢嗎？」

龔同學：「暫時沒有，因為股票市場跌了不少。但我沒有賣出前，也不代表我輸。所以我現在繼續持有。」

James：「為甚麼妳沒有畢業，就買買股票作投資呢？」

龔同學：「我是看投資書籍學來的。」

James：「他們是如何說的啊？」

龔同學：「我看的書提出，一個人在不同的年紀可以採取不同的投資策略。就是如果愈年輕，便應該選擇愈高風險的投資。而如果年紀愈大，便應該選一些低風險的投資。」

James：「這個說法，妳怎麼看？」

龔同學：「我覺得還是非常合理的。」

James：「這種說法不無道理，但也有其不足之處。」

龔同學：「是甚麼不足呢？」

James：「年紀愈大便應該選一些低風險的投資。這個我也沒有反對。反正投資由於有不確定性，所以應該量力而為。但問題是，鼓吹年輕人去選擇高風險的投資，這個實在有非常大的問題。」

龔同學：「年輕人還有很多時間，失敗了，還有機會重新來過，所以選擇高風險的投資，合情合理啊。」

James：「這個你就要明白投資的本質。同學們認為投資的本質是甚麼？」

龔同學：「低買高賣，賺錢啊。就是這麼簡單。」

洪同學：「將多餘的錢提供給有需要的人，讓他們將錢活用起來。而提供多餘錢的人又有收益，大家都有好處。」

James：「你們都說出了一部分，但關鍵不是這些。投資的本質是兩方在對賭。我現在就揭示教科書沒有提到的投資本質給你們聽。」

坦白來說，所有投資，都是買方及賣方在對賭。

投資所買的東西和其他日用消費品不一樣。日用消費品的交易，是由於買方有使用的需要，所以才會買。例如我們買串燒，就是因為要擼串。而你買手上的這本書，就是因為要用來看。所以一般消費品的交易，都是

貼地經濟學——當理論背離現狀時的避險課

建基於實際的需要。

而投資所買的則不是消費品，而是購買一個以後能夠提供賺錢機會的資產。買家不是出於自己實際的需要而去購買投資產品，而是希望買入這件東西後，未來能為他提供更多利益，他才去買的。

所以，如果你買一包米是用來吃，這個當然是消費，用途非常明顯。但是如果因為戰亂，你把幾百包米囤起來，如果你買的原因不是因為吃，而是因為你想等米價升到更高價時，賣出去賺錢，這個便是投資。因此需要分清兩者的關係，不是看產品本身，而是需要看是否有實際需要，或者是懷着一個以後賺錢的目的。

我們看一個金融史上的例子——鬱金香狂熱（Tulip mania）。

一般人買花是用來觀賞，所以這個是消費用途。但在十七世紀時期的荷蘭，卻發生了歷史上近代的一次因為鬱金香而出現的金融風暴。

當時有人為了哄抬價格，對鬱金香進行炒賣，而當時甚至有人，用一座宅邸去交換高級品種的球根。由於價錢暴升，很多人都加入炒賣行列，而這些人都是醉翁之意不在酒。大家進行這些鬱金香交易，根本不是希望買花來觀賞。而都是希望等到更高價錢時，賣給另外一個人去賺錢。最後泡沫爆破，在這個過程中，就和賭錢一樣，有人贏就有人輸，有人破產，有人卻成了暴發戶。

上述的「鬱金香狂熱」就是一個例子，看一個交易的本質，不應該只看買賣產品，而應該看背後的心態。

如果大家進行交易時，雙方都不是因為實際需要，而是只想通過買賣去獲利，那麼這個在本質上就是對賭。

如果不是因為旅行或者國際貿易的需要，而去買賣外幣投資，這個是對賭。

如果不是因為居住的需要，而去買賣房產投資，這個也是對賭。

圖為一本在 1637 年出版，批判鬱金香狂熱的著作。

經濟學——當理論背離現狀時的避險課

貼地

其他諸如股票、債券、期貨等等，本質上都是一樣。

為甚麼說是對賭呢？

就以外幣為例，如果沒有計劃去旅行或者需要換錢來進行國際貿易，為甚麼有人願意買外幣投資呢？原因就是這些人認為現在匯率是低位，而匯率很快會升，所以希望以後賣出外幣時，能夠賺到錢。所以買家是希望匯率上升的。相反來說，如果匯率以後下降，他們便會輸錢。

那麼為甚麼有人願意賣出外幣呢？因為這些賣出的人，認為價格已經不會再上升了。如果他們認為價格還會上升，他們當然不會現在賣呀，等多一會，賣一個更高的價錢不是更好嗎？所以賣家是認為價格短期內不會再升了。

買家是認為以後匯率上升，而賣家是認為以後匯率下跌，所以他們才互相進行交易。由於未來究竟是升或者是跌，大家都不知道，因此，明白他們的心態以後，就明白這個根本是一場對賭。

房子及股票也是一樣。買入的人，是預期未來會升。賣出的人，是預期未來會跌。由於大家都沒有預知能力，不知道未來方向，所以這個也是一場對賭。

以上道理雖然簡單，但根本很多書本，都沒有說明投資背後的本質。

簡單來說，就是如果你購買一樣東西，不是因為實際需要，而是希望以後轉賣這件東西賺錢，這個投資，本身就是一個對賭。

既然是對賭，便要明白賭博的話，當然存在風險。

明白了這個以後，想必大家對所謂「投資」有一個全新的看法。因為這個在本質上，就如賭博一樣，是充滿風險及不確定因素的。

當然，如果買家及賣家其中一方，有內幕消息，而另外一方不知道，這個就不是對賭，而是一方通過自己有獨家消息的優勢，去佔另一方便宜。

但當散戶買賣投資產品，例如股票、房地產、債券時，那些散戶又怎麼會有任何內幕消息呢？所以兩個散戶在進行交易，買賣這些投資產品時，那麼基本上就是他們兩個在對賭。

了解到這個關鍵，便可以思考一下理財的規則。有些人提出，老年人應該量力而為，選擇低風險的項目去投資。但年輕人由於以後還有很多賺錢機會，所以可以選擇高風險的投資。關於這種說法，筆者實在非常擔憂。

因為剛才已經解釋，投資本質上是買方及賣方在對賭，如果選擇高風險的投資，雖然有機會賺很多錢，但也有機會輸很多錢。所以慫恿年輕人故意選取高風險的投資項目，這個實在有失偏頗。

當今一味鼓動年輕人去選高風險投資的做法，因為投資都充滿不確定因素，所以本質上就是叫年輕人去賭博，然後安慰他說賭輸了，回來還可以再上班，賺錢還債。雖然用詞不一樣，但細心想一下，本質就是如此。

需要知道，世界上根本沒有必勝的投資。如果真的有，大家都會蜂擁而上去購買，到時這個產品的價格會急速上升，令到最後賣出時所賺取的差價變得很少。

另外一個關鍵的就是，很多人沒有考慮清楚，如果真是有必勝的投資，那麼為甚麼有人會賣呢？那個賣出必勝投資的人，如果不將這個投資賣出來，他便一直可以享受那個必勝的投資呀？難道他腦子有問題，願意將錢和你分享？道理實在是非常簡單，但有時旁觀者清，當局者迷，很多人聽到投資顧問及銷售員說幾句，便糊裏糊塗進行投資。

天下間根本沒有必贏的投資。

所以年輕人絕對不應該只選擇高風險投資，而是應該和老年人一樣，量力而為，選擇適合自己的投資項目。在投資時，一定要好好評估自己的風險承受能力，選擇自己能負擔的項目，而千萬不應該只着重於高風險類別。

這個道理雖然簡單，但是對很多沒有真正輸過錢的人來說，他們根本沒有深刻體會。

因此，特意善意地對沒有經歷過投資失敗的年輕讀者作出提醒，以免因為投資過度而債台高築，恨錯難返。

有必勝的投資課程嗎？

James：「同學，你們都明白了投資的本質。那麼你們對以後投資又有甚麼想法？」

洪同學：「老師，我目前也沒有任何想法，計畫畢業後先找一份工作，然後再好好考慮有甚麼投資機會。」

龔同學：「我買了的股票波動很大，目前價格太低了，所以暫時不會賣出。但我準備修讀多一些投資課程，希望增進自己的知識，再在股票市場一次過賺回來。」

James：「同學準備讀甚麼呢？」

龔同學：「我留意到報紙上有廣告，是一些私人機構舉辦的課程，能夠提供專業的投資分析技巧。」

James：「妳為甚麼選擇這些課程呢？」

龔同學：「我看過他們的課程內容介紹，有很多技術分析及基本分析的內容。導師也很專業，而且也在股票行業很久了。」

James：「這位導師以前真的有賺嗎？」

龔同學：「哈哈，我就猜到老師你會這樣問。其實，我選了很多家培訓機構，就這一間，他們貼出了他們的導師這兩年來的股票行交易紀錄，雖然有一些損失，但總體來說是賺的。所以我認為這個課程還是比較可信。」

James：「那位導師有賺，可能是他的運氣，而未必因為是他的方法有效，有機會是運氣使然。至於有沒有課程能提供一些穩賺的方法，我們又探討一下這個有趣話題。」

很多人都希望學習一些投資秘訣或者方法，使到自己在股票市場大獲全勝。但到底，市面上這些課程，對投資又有多大幫助呢？這個是一個非常有趣的問題，我們現在仔細探討一下。

基本上股票及期貨等等分析，主要分成兩大類別：第一個就是技術分析，而另外一個就是基本分析。

第一個的技術分析，主要是通過觀察圖表及一些計算出來的指標，來進行買賣。而他們用來計算的指標多包括價錢及其他相關的交易數據。信奉這個方法的人認為，通過觀察圖表及這些指標，可以找出規律。而當以後這些規律所提示的買賣信號出現，便可以根據這些買賣信號，進行交易。

另一大類別則是基本分析，信奉這個方法的人主要是研究一間公司的年報，他們會研究這間公司的很多會計資料，例如收入、支出、利潤等等，以及一些金融的數據資料，再將這些資料計算成比例的形式來研判。這些人認為，如果他們研究一間公司過往的業績，再配合其他新聞及相關信息，便能夠預測這些公司未來的盈利狀況，從而作出投資決定。

但是無論是那一個方法，其中都有很多分支。

就以技術分析為例，就有很多不同的指標，而每個指標也可以用不同的參數去調整。例如技術分析之中，算是比較多人用的移動平均線，那個計算平均線的日數是沒有硬性規定的，而是每個人隨意去選出。因此有些人可能看 10 日平均線及 30 日平均線來決定買賣。但另外有一些人可能看 10 日平均線及 20 日平均線。所以這些看似科學計算的背後，因為參數不一樣，所以其實是各施各法，操作時都是非常主觀。而另外有一些人則根本不用移動平均線，而用其他技術分析的指標。因為技術分析有大量

貼地經濟學 —— 當理論背離現狀時的避險課

指標，而每個指標參數又不一樣，所以很多時，兩個都聲稱自己是用技術分析進行投資的人，他們的買賣選擇可能完全相反。

基本分析也是差不多，因為一間公司有很多財務資料，到底選擇那一些財務資料作為參考，也是個個人都不同，莫衷一是。因為一間公司這麼大，一定有一些數據是好的，有一些數據是差的，所以如何取捨，到底選擇哪一些數據作為買賣依據，也沒有共識。

但無論坊間私人機構所提供的投資課程，是教導技術分析或者基本分析，其實都一樣。如果希望課程能夠教人一些必勝的技法，這個根本就是緣木求魚。

為甚麼呢？

這個也是很多年來，我的學生問我最多的問題。

恭喜你，由於你看了這本書，因此對這個現象，自會有一個其他人沒有的視角。現在就為你提供這個問題的鎖匙。

想理解這個來龍去脈，就要先明白，剛才提到的投資的真正本質。

投資的本質，就是兩個人在對賭。而且他們的觀點一定要相反。一個人是預期未來會跌，所以他才賣出。他的對手，則認為未來會升，所以他才會買入。

留意一下，如果要進行交易，這兩個人他們的觀點是要絕對相反的。一個預期市場會升，另外一個預期市場會跌，大家才能夠交易。如果兩個都認為會升，大家都想買，根本也不能夠交易。因為交易就要一買一賣。所以相反來說，如果兩個都認為會跌，大家都想賣出，根本也不能成交。

這個是非常重要的關鍵，明白這個，你就能了解，為甚麼沒有課程可以教你一定賺錢。

想像一下，如果有一個課程能夠教你一個方法，當訊號出現時，未來

股票一定會升。

那麼如果這個信號真的出現時，你會怎樣？

想必你一定會去買啊。

但是如果全世界大家都知道了這個方法，又會怎樣呢？

大家都爭着買啊。

那麼，有沒有人願意賣呢？

當然沒有，因為信號都出來了，大家都知道一定會升。傻子才會賣，我又不是傻子，所以我才不會賣啊。

正是如此，出現的狀況就是，遇到這個信號出現，大家都想買，但根本沒有人願意賣出。由於信號出現而大家都知道後市會升，大家都想買入，市場中只有買家沒有賣家，所以根本不能夠一買一賣，交易根本就不能完成。

所以如果有一個公開的課程，說能夠教你一些必賺的技巧。那麼當信號出現時，誰又願意做傻子，去做賣家承擔未來的損失呢？

因此，這些必賺的方法，當大家都掌握了，便沒有用了。

既然世上沒有必贏的方法，因此在大學中，也就根本就不能教授這些方法。

那麼如果不是公開教授，而是私人教授，只教一小撮人。那麼，信號出現時，不掌握這些方法的人也有機會做賣家，不也就可以了嗎？

亦即是說，如果是小規模教導，這個也應該可以了吧？

很抱歉，答案也是否定的。

因為私人培訓機構的人，為甚麼要提供培訓？答案顯而易見，就是為賺錢。他們又不是慈善教育機構，如果真是因為慈善原因而去教導學生，

那麼他們便不會收取高昂的費用呀。

而且如果想全心奉獻教育事業，哺養下一代，他們應該去交通不發達的落後山區做老師啊，這個不是更加可以普及教育嗎？

叫他們去山區教導貧苦學生，很多人都不會，因為他們販賣這些高價的投資課程，主要目的是為賺錢。

但問題來了，如果他們真的掌握了一些秘密技法，而這些秘密技法真的為他們帶來大量財富，那麼他們還需要出來教書嗎？

其實道理也不複雜，事情的邏輯顯而易見。

如果這些人真是掌握了一些必勝法，本來他們通過這些方法已經賺到錢，天天用這個方法，便可以當股票市場是提款機，每一天賺得盆滿缽滿。但現在居然來教你，而你學完後，以後買賣還要和他們競爭。你認為導師們會如此做嗎？

舉一個簡單例子，假如他們掌握的方法，顯示低位就是現在的 100 元，正常來說，他們便可以在 100 元這個低位買入，然後等這個方法發揮效果，在更高的價錢賣出。但是如果他們教了你這個方法，你也和幾個朋友分享，而你的朋友也和他們的親友分享。那麼當這個信號出現時，很多人也會想方設法在市場購買，由於大家都在爭奪，所以價錢一定高於原本的 100 元。因此，教你這個方法的老師，便需要在市場以高於 100 元的方法去買入。賣出時也一樣，由於你們也知道了信號，所以大家都會搶着賣，而你的老師也需要比原本的價格更低才能賣出。教了你的話，由於你和你親友的參與，都會嚴重壓縮導師賺錢的空間。

細心想一下，如果你有一個獨門秘方，能夠為你在股票市場帶來大量財富，你會不公開，自己使用來賺大錢；還是選擇去教學生，培養出一大堆競爭者和你自己爭飯碗呢？

我想現在大家應該很明白了。

回想一下，剛才提到技術分析及基本分析，為甚麼都是大家隨意選擇參數及指標，而沒有統一方法的呢？

這個也就是剛才提到的原因，如果只有一個統一的方法，而這個方法大家都知道的話，那麼當賺錢的信號出現時，根本就沒有人願意送錢給他的對手，因此市場上也不會有對家，交易也不能完成。所以方法不能夠完全一樣，如果方法一樣，大家都會得出同樣的結論，因此市場則只會有全部買家，或者全部賣家的情況，根本不能夠交易。

所以不管是技術分析及基本分析，根本上都不能夠有統一的方法。

其實，沒有共識才是正常。因為沒有共識，市場才有買家及賣家，互相才可交易。

反而，如果大家都有共識，市場則只會出現全部是賣家或者全部買家的狀況，根本不能成交。

走筆至此，相信親愛的讀者，已經開了第三眼，擁有一般人缺乏的視角。能對不同的分析，及對投資課程有更深入的認識。

★ 5.2
快人一步！預判未來經濟路向

前一章論到選擇終身職業，乃人生規劃最重要的一件事。

然而，如何避免進入夕陽行業，這個我想還是可以討論一下。

所謂夕陽行業，就是有一些產業，以前可以很興盛，但現在已經被淘汰。身處這些行業，基本就沒有前途可言，能遲一些被裁員，已經非常不錯。

但如何選擇行業，尤其對剛剛畢業的學生來說，怎樣避免一出來工作便跳入深坑，萬劫不復，這個選擇的過程，真是令人費煞心思。

其實這個也不單止是對剛進入社會的學生而言，我也經常見到有很多成年人在一個領域工作良久，後來也遭淘汰。

所以本節，主要是探討一下行業前途，及相關的國家政策。希望也能夠提供一些想法，幫有需要的人未雨綢繆，預早規劃。

首先探討一下，甚麼類型的行業會被社會淘汰。

這個問題難倒不少人。但其實，思想清晰的話，也能夠預早洞悉到一些頭緒。

第 五 章 ： 公 平 、 不 躺 平

其實被淘汰的行業，就是這個行業的產品或者服務，沒有人再有需要。因此，既然賺不了錢，公司自然會倒閉，行業自然會被淘汰。所以如果想知道甚麼行業會被淘汰，便需要考慮有那些產品或服務會被消費者青睞，又有哪些產品及服務會被消費者嫌棄。

其中一個關鍵就是產品的價格。所以那個行業會被淘汰，這個還是經濟的問題，因此可以肯定的是，經濟學家還未被淘汰。

我寫到這裏，也鬆了一口氣。

想來經濟學家還是可以的，收拾一下心情，繼續寫下去。

科技發展與夕陽行業

我們看一下工業革命的歷史，便可以感受一下科技發展與行業變遷的關係。

所謂的第一次工業革命，就是發生在英國，然後傳去歐洲及美國。其中一個推動因素就是紡織行業。需要知道在工業革命之前，很多紡織的工作都是用人手。用人手的問題是，人容易出錯，又受情緒困擾，更會勞累。因此，在總體效能上，當然比不上機器。

所以當第一次工業革命用機器取代人手之後，市場上出現了兩種紡織產品。一種是繼續由人手做出來的紡織品，另外一種是機器做出來的。由於機器做出來的質量比較穩定，而且到後來由於機器的普及，令到機器生產的紡織品更加便宜。基本上，生產質量又不穩定，價錢又比較貴的人手紡織品，便被機器紡織品所淘汰。

第二次工業革命，就出現在十九世紀末到二十世紀，除了很多工業機器上的創新，在這個時間也出現了電網、電報及電話。隨着這些技術的發展，大大縮減了世界各國之間的通訊成本。以前還需要靠寄實體信件作為通訊手段的郵遞系統，都被更方便快捷的電報及電話所取代。因此，通訊

行業出現翻天覆地的改變，而提供郵遞服務的眾多郵差也被淘汰。

另外，又有一個比較突出的轉型期，就是上世紀的七十年代開始的個人電腦革命。以前的電腦，都是非常大型的機器，其體積要佔據一整間房間。後來在七十年代出現出現了世界上第一台個人電腦，從此辦公室便迎來很大的變化。以前的辦公室，計算時用算盤，打字則用打字機。後來隨着個人電腦的興起，公司轉而聘請懂得使用辦公室軟件的員工，而掌握傳統算盤、打字機等技術的辦公室人員，如果未能轉型，也不可避免地遭到社會淘汰。

以上這些都是科技上的進步，而帶來的行業改變。

但除了科技以外，也有一些行業改變是來自社會總體意識及社會規範的變化。

例如以前煙草業是非常發達的，這個行業也聘請了很多工人。但是後來社會健康意識提高，認為吸煙危害健康，因此很多人為了身體健康而戒煙。而很多政府為了市民健康着想，除了在很多地方設立禁煙區，更對煙草產品加征很多稅項。這個導致吸煙人口大減，社會對煙草產品的需求亦大減。所以，很多煙草行業的工人也都陸續失業。

由此可見，除了科技，一個社會的總體意識及社會規範的變化，也可以改變不同行業的工人需求。在改變的過程，會有新的工作種類出現，也有很多舊的工作種類消失。這個此消彼長的過程，正是決定每一個行業興衰的關鍵。

那麼應該如何去應對這些轉變呢？

第一就是經常要保持對前沿科技的了解。這個不代表要對新科技非常精通，但最低限度，要清楚知道總體的大趨勢及方向。

其次，就是需要秉持終身學習，經常學習不同領域的技能。在沒有工作危機時，如果你能夠掌握其他領域的技術，也可以應用這些技術去幫助

自己。而如果出現夕陽行業的淘汰潮時，由於你已經一早掌握了其他領域的技能，也能夠輕鬆轉型。在最短的時間內，轉去其他行業。

筆者雖然主要是教授經濟及金融課程，但由於興趣極其廣泛，所以也有學習人工智能相關技術。我也曾經用這些技術來分析經濟及金融的問題。而且由於大部分經濟及金融的學者，都對這些新技術都不了解，所以我更加可以獨得先機，通過利用人工智能及相關機器學習的技術，去應用在經濟學及金融的研究。

現在大家都在討論人工智能的急速發展。雖然在短期內，暫時未對就業市場出現重大影響。但好肯定的是，在未來很多工種也會被人工智能所取代。

人工智能，是危？是機？

筆者除了用人工智能來做研究，也喜歡用最新的人工智能科技來增加生活情趣。因此我也有用人工智能去繪畫、修改圖片、剪接視頻、製作視頻、轉變或模仿聲音，甚至將照片或視頻改頭換面，以及協助裝修設計等等。看到這些新科技，雖然無比欣喜，但同一時間，也感受到其他行業未來所受到的衝擊着實不少。

很多這些以前只掌握在電影製作公司的新科技，已經全部開源。即是說，很多這些程式已經被那些開發的人在網上免費提供給其他人使用。而只要你懂得下載及安裝，便可以使用了。

現在很多人提及的 ChatGPT，是建基於大語言模型 Large Language Model（LLM）的技術。而基於轉換器的生成式預訓練模型，即 Generative pre-trained transformers（GPT）這種大語言模型，當你配合起其他相關軟件，便可以組合成很多其他有用的應用程式。

現在有很多工作也可以叫這些程式為你代勞，例如叫程式上網查找資

料，然後將資料下載，再畫成圖表。又或者，把一本書上載，然後叫程式幫你寫成摘要，將全本書內容濃縮成重點，再製作成幻燈片。

懂得編程及將所有軟件連結起來的人，可以更進一步，製作一個和你樣貌一樣的數字人，再用你的聲音，去訓練這個數字人，然後幫你將剛才製成的幻燈片，代替你在網上幫你做演講。如果你要出席的網上會議，是一個非常隆重的場合，但你有沒有禮服，也不要擔心，直接將你演講的視頻，用電腦程式把你的身體換上禮服便可以。其實也不單止是禮服，就算漢服，甚至李小龍穿着的緊身衣也可以，你只需要提供一張服裝的照片便可以了。

但如果是面對外國嘉賓呢？這個也非常容易，你可以先用軟件將你說的中文，立即翻譯成需要的外語，然後直接輸出成外國語音，再配合上適當的軟件，便可以因應這些外國語音來改變你的口形唇形，務求使別人看到你說外語時，和你的口形唇形完全配合。因此，就算完全沒有學過外語，也能夠通過軟件一口流利的說出來。

以上這些已經不是科幻電影情節，而是很普通的例子，連筆者也懂得如何做。

那麼這些科技的發展，會如何影響社會上不同人群的收入分佈呢？社會上的貧富差距又會不會上升？窮人會不會因為這個科技革命而脫貧？

以上這些都是關乎很多人的前途，所以也是非常值得探討。

觀乎社會上，目前大部分人都對人工智能科技非常讚賞。現在很多人還沉浸在歡樂中，因為以前這些技術都是由高科技的公司所壟斷，一般人根本不能高攀。但現在這些科技已經平民化，所以有一些人認為，如果能夠好好學習這些科技，窮人也可以通過學習這些程式，自己再開一間公司，為別人提供人工智能相關服務，好好地改善自己的生活。因此他們認為社會的不平等狀況會有所降低。

確實來説，隨着這些科技變化，以後社會不同人群的收入，也隨之將會出現巨大變化。

其實每種新科技都會消滅某一些工種，及產生一些新的工種。所以一定有人得，也一定有人失。貧富差距會否上升？則視乎究竟是以前有錢的人得，或者是以前窮的人得。這個我們可以分開考慮一下。

首先可以探討一下工人們的財富轉移，以前俊男美女，如果擁有一個明星臉孔，便能夠受人賞識，可以去做模特兒，他們只需要靠拍照片便能夠取得可觀收入。但是隨着人工智能繪畫的出現，每個人都可以將他心目中的俊男美女畫出來。

可以預見，在不久的將來，隨着科技的發展，電腦可以很大程度上取代模特兒、插畫師、配音師、動畫師等等工作。而當一個窮人學了這些技術，他可以用電腦為他人提供服務，所以他能夠脫貧。但是另外一個當模特兒的，給電腦取代了，她便會失業，甚至陷入了貧窮。

走筆至此，第一個發現就是：隨着高科技的發展，以後財富會從沒有科技知識的人，轉去有知識的人手上。

但需要明白，以上都是工人與工人之間的財富轉移，即模特兒及插畫師等等的人群的錢轉了去人工智能的編程者手裏，所以這個是一個工作者與另外一個工作者之間的財富轉移。

如果想看科技進步對整個社會貧富問題的影響，則不能只限於探討工人與工人之間的關係，還需要分析工人和其他群體的財富關係。

當我們考慮一個地區的貧富差距會不會愈來愈嚴重時，主要是看，以前已經賺得很多錢的人，會不會賺得更多；而以前相對貧困的人，又會否賺得更少。如果是這樣的話，貧富差距便會上升。

我們現在再看一下資本家和工人的財富分佈又會如何？

其實，如果新科技的目的是用來取代工人，那麼社會上的不平等自然

會節節上升。我們看看以下例子。

由於一個編程的程序員，能夠為不同客戶創製不同的模特兒照片，所以他一個人，便可以取代很多很多的模特兒。因此，最後的結果是，很多人都會失業，而公司只需要聘請一位編程的程序員。

但問題是，程序員也不一定安全。因為，有一些外國公司已經正在開發一些代替程序員的軟件。而隨着大語言模型的成熟，很大機會，程序員在最後也會飯碗不保。公司只需要有一部大電腦便可以了。

由此可以想像，公司的成本將會愈來愈低，而所需要聘請的人卻愈來愈少，隨着聘請的人愈來愈少，開支下降，很多公司以後的利潤都會增加。所以這個代表了資本家，通過科技發展，將會愈賺愈多。

但是另一方，工人的工作機會則會愈來愈少，所以在僧多粥少的情況之下，失業率會上升，而工人總體收入則會下降。

簡單來說，就是資本家收入更多，工人收入更少。

由於已經有錢的資本家，因為他們在科技進步之後，能通過科技發展再賺更多的錢。而相對貧窮的工人，則因為被機器所取代，所以以後賺得更少。這個此消彼長，就足以令到以後整個社會的貧富懸殊情況更加嚴重。

明白了這個，就可以明白為甚麼我剛才說：如果新科技的目的是用來取代工人，會引致社會上不平等的上升。

通過以上的討論，我們有第二個發現：如果新科技的目的是取代工人，社會上的不平等將會增加。

希望通過以上簡單解釋，能夠帶給讀者一些對未來社會的啟示。

未來的機遇

洪同學：「老師，聽完你的說話，我感覺非常灰心。」

James：「為甚麼呢？」

洪同學：「我以前一直熱愛科技，想不到聽完你分析，才發覺在科技發展之下，原來社會上有被遺忘了的一群。」

James：「我非常熱愛科技，你看我不停研究那些人工智能技術，就知道我非常支持科技的發展。但同學說感到灰心，請問你是擔心甚麼呢？」

洪同學：「聽過你的分析，第一，我擔心我的工作會被取代；第二，以後社會貧富差距也會愈來愈厲害。」

James：「同學根本毋須過分擔心。我逐樣解釋給妳聽。如果你擔心工作被取代，那麼代表你處在舒適區，不想作出任何改變。以前電腦未出現前，我們在辦公室還是使用算盤呀，現在全部都給辦公室軟件取代了。所以如果你拒絕學習新科技，這個心態自然是會被淘汰。但為甚麼不可以積極一些，多學習一些新知識，避免被人淘汰之餘，更可以獲得額外的收入呢？」

洪同學：「但這個社會以後貧富差距也會愈來愈高啊。」

James：「這個確實有很大機會是這樣發展下去。但同學也不要太擔心，因為也是有很多解決方法的，我們不是討論過如何選擇投資嗎？你可以細心分析那些科技行業的公司，然後選擇前景比較優良的，再投資他們作為長線投資。」

洪同學：「是的啊。聽了老師的解釋，現在我又明白了。」

James：「想確保自己能獲得先機，除了要留意科技發展狀況，更要留意國家及地區的相關政策。你準備好了的話，我們再繼續分析。」

洪同學：「好啊，洗耳恭聽。」

隨着香港特別行政區在 1997 年 7 月 1 日回歸，英國人對香港的統治也一併畫上了句號。回顧歷史，香港從一個小漁村演變成亞洲的金融都會，其過程絕非簡單。

但是隨着國際環境的急速改變，香港的未來究竟何去何從？這個還得好好探討一下。

香港的四個傳統主要行業是：金融服務、旅遊、貿易及物流和專業及工商業支援服務。按香港特別行政區政府資料[1]，在 2022 年，這四個傳統行業總共帶來 15,388 億元的增加價值，而這四個行業也聘請了 1,448,400 人。四個傳統主業行業之中，最重要的兩個行業就是金融服務，貿易及物流。除此以外，香港還有另外一個非常影響民生的房地產行業，因此我們今次就研究一下這三個重要行業的前景。

如果想了解香港何去何從，則首先要先了解國際形勢。

香港特別行政區以前是以轉口貿易為主，原因就是以前內地尚未進行改革開放，因此國際貿易受到相當限制。所以，香港便作為內地與國外貿易的跳板。外國的產品輸入內地時，會以香港為中轉站。另一方面，內地如果有東西想出口至外國，也會經過香港。因此，香港在相當長的時間，都以轉口貿易為整個經濟的支柱。

國家在 1978 年開始進行經濟改革，隨着內地城市的高速發展，很多進出口業務已經不再經過香港。因此香港的進出口業務狀況，已經大不如前。這個是不可逆轉的趨勢，也因為如此，香港的倉存、港口、運輸等等的物流行業，也都受到影響。

由於香港是開放型經濟，另因為香港以前主要是靠轉口貿易，所以如果美國及西方國家的經濟好的話，香港的經濟也會有所改善。但問題是香

1　　https://www.censtatd.gov.hk/tc/EIndexbySubject.html?pcode=FA100099&scode=80

港在轉口貿易的角色已逐漸式微。所以現在就算美國及西方國家經濟好，對香港也未必有極大助益。

反而因為美國目前最大的假想敵是中國，而且由於美國的選舉制度，兩黨的候選人為了取悅美國民眾，都喜歡將問題指向外國，在選舉時轉移視線。因此不管是共和黨或民主黨近來都大力批評中國，希望增加政治本錢。畢竟美國總統如果在自己國家執行政策，還需勞心勞力，需要努力協調配合去執行。但是如果是批評外國，或者搞制裁施壓，這些對他們來說，輕而易舉，因此可以預期以後的日子，中國就算躺下來，也會無端中槍。

而香港由於一直是中國內地及西方國家中間的橋樑，如果中美關係惡化，對香港也會構成相當打擊。所以，近幾年來，西方一直批評中國內地及香港，這個意識形態的轉變，不單止影響了中美關係，也對香港經濟構成沉重打擊。

現在歐美各國都對香港百般打壓，至目前為止，尚看不到國際環境上有任何大的改善空間。因此香港應該改變以前的思維模式，儘量擺脫以前純粹依靠西方的做法，積極思考如何配合國家的發展規劃，藉着大灣區去發揮香港自身優勢，乘搭中國發展的順風車。

其實西方不亮東方亮，在與西方關係不和睦的這段時間，香港也可以考慮將重心慢慢轉移去一帶一路中的發展中國家。這些國家因為經濟發展，也需要進行國際貿易，因此，香港的商人，也可以考慮與這些國家進行生意。

西方國家雖然還是比較富有，但是很多發展中國家，現在隨着經濟發展，購買力愈來愈強。而且，世界上大部分的國家都是發展中國家，因此絕不能忽視他們的未來潛力。另外，如果單以經濟增長速度來看，發展中國家的發展潛力，很多時都比發達國家優勝。因此，將注意力轉去一帶一路沿線的發展中國家，也是未來的大趨勢。

但當然，每個國家有機遇，但也有挑戰。尤其很多中亞及非洲的發展中國家，他們的政治制度都非常混亂，而且政局不穩，貪污嚴重，因此在選擇投資時，也需要格外小心。

除了進出口，貿易物流等相關行業，香港還有兩個行業是比較重要的：一個是房地產，另外一個是金融業。

以前港英政府統治時期，香港一直採用高地價政策。採用這個政策的原因是，政府只須販賣土地便可以獲得大量收入，對政府來說，這個是最簡單又不費勁的賺錢方法。這個政策，雖然方便了政府，但是卻帶來了其他的問題。香港的高地價政策，引致土地成本甚高，因此房子價錢也特別貴，所以在香港買房子是十分不容易的事情。基本上很多打工的人都需要貸款好幾十年才能夠買到自己的房子。

而且由於土地成本價格極高，也導致租金非常昂貴，所有地產以外的其他行業，也得面對極高的租金。因此，在香港做生意，成本的很大一部分就是用來繳納租金。其實香港很多人勤勞工作，但支出都用在租金之上。這個過度地向地產行業傾斜的現象，除了侵蝕市民的購買力，其實也減低了香港與鄰近城市的競爭力。

此外，對年輕人來說，買房子更加是一個高不可及的夢想。大學畢業後，如果沒有父母親戚的金錢資助，很多年輕人就算非常節儉，但也根本沒有可能儲蓄到足夠的金錢去交首付。這個確實影響到青年人對前景的信心，也因為如此，很多年輕人希望移民，離心力極強。

另一方面，由於沒有自己的房子，而租房子的租金又貴，所以很多年輕人都沒有心思組織家庭。而且因為租金高昂，有很多人在畢業後，還一直跟父母親同住。

以上都是香港房地產價格太高所導致的問題。

但香港自從新冠疫情之後，房地產價格便一路下調。這個對有房地產

物業的人來說，代表其資產縮水，所以很多業主對樓市的下跌，都非常擔心。但從另外一個角度看，香港房地產，如果能跌至市民能負擔的水平，那麼剛才提到的問題都能迎刃而解，所以長期來看，也不完全是壞事。

由於香港政府長期以來一直依靠高地價政策，例如在 2020 至 2021 年度，香港政府的地價收入為 887 億元，佔政府收入的 15.7%。而在 2021 至 2022 年度，地價收入則有 1,430 億元，佔政府收入的 20.6%。從中可以了解到，地價收入也是香港政府的一個重要收入來源。如果房地產市場不景氣，政府收入也會大減。

所以政府應該研究如何達致一個社會上，大多數人都能夠接受的樓價水平，也應該探討如何開拓一些新的經濟活動，促進經濟以彌補政府收入的不足。這些都是急不容緩。

看過了房地產市場，現在我們再探討一下香港另外一個重要產業——金融業。

香港作為遠東金融中心，一直受附近地區國家的投資者青睞。所以香港的股票市場，除了本地企業，也吸引到很多內地公司來香港上市。所以很長時間以來，香港的股票市場都一直很紅火。

可是隨着中美關係愈趨緊張，很多西方國家的金融機構，都減少在香港市場的投資。也因為如此，在 2023 年底，世界新股集資排名：第一名是中國，第二名是美國，第三名是印度，第四名是阿拉伯聯合酋長國，而香港則跌至第五位[2]。

另外，很多金融機構都發現經營環境充滿挑戰，而有很多在香港經營的金融機構及公司已經轉了去新加坡。國際金融機構的退出，也令到香港的金融行業出現裁員，而這個甚至令香港甲級寫字樓空置率在 2023 年底

---

2   https://www.pwc.co.uk/services/audit/insights/global-ipo-watch.html

地貼經濟學——當理論背離現狀時的避險課

達到 16.4%[3]。

放眼未來，中美形勢難以立刻得到改善。香港金融業，能否力挽狂瀾，能夠很快復甦，這個實在充滿很多不明朗因素。

令人非常擔心的是，香港以前的三個比較重要的行業，即轉口業，房地產及金融業，都因為國際環境及經濟結構的轉變，面臨困境。這些以前帶領香港發展的關鍵行業，現在都充滿了不確定性。

如果這些行業慢慢式微，那麼香港以後又將何去何從呢？所以對政府來說，最刻不容緩的就是需要為香港作一個全盤規劃，依靠香港的優勢，發展其他新型產業。舊的行業風光不再，也不必氣餒。只要尋找到新的火車頭行業，作為經濟引擎，香港也能再次起飛。所以香港政府，應該破舊立新，儘量利用香港目前的優勢，發掘出未來的支柱產業。

而隨着科技發展的普及，政府也應該大力推動人工智能及相關建設，儘量撥出土地或提供優惠措施，以供這些新型行業發展。

對未來香港的長遠規劃，香港政府也可以考慮如何配合國家的總體策略，思考如何利用國家在鄰近地區執行的政策，為香港長遠謀福利。如何能夠和鄰近的地區，互相合作，互補不足，取長補短，這個就是香港未來能否成功的關鍵。

香港特別行政區是粵港澳大灣區的其中一個城市。而粵港澳大灣區，則包括香港特別行政區、澳門特別行政區，還有廣州市、深圳市、珠海市、佛山市、惠州市、東莞市、中山市、江門市及肇慶市。按廣東省及香港和澳門特區政府 2022 年的資料，整個地區生產總值超過 13 萬億元人民幣，而人口則有 8,600 萬。這個地區的人口及產值，已經強於世界上很多其他國家。因此，如果香港能夠和粵港澳大灣區其他城市，相互合作，取長補

3　　https://www.hk01.com/ 研數所 /979752/ 甲級寫字樓空置率 16-4- 創新高 - 面積等於 7 幢 ifc- 中環租金跌得勁

短，那麼大家都可以共同發展，共建繁榮。

　　筆者除了經濟，還涉足很多研究領域，其中一個重點研究方向，就是中國及西方的玄學，筆者也是梁湘潤大師的入室弟子。多年來，我一直也有研讀風水及命理的中國古籍。需要指出，中國的三元九運的概念，就是說所有國家及相關區域的發展，都是以週期形式進行。一個國家或地區以前發展良好，不代表以後也一定好，而一些發展差的地區，也不會永遠差下去，而也能夠在以後騰飛。古人深信所有發展都是受週期制約。

　　風水輪流轉，十年河東，十年河西，一百年前積弱的中國現在已經變成了世界經濟的火車頭。而我們香港特區與深圳及其他大灣區的城市近在咫尺，因此應該好好考慮，如何協同配合，使到大家都能在現今紛亂的國際環境之中，繼續開拓向前。

　　與各位共勉。

James：「同學，你們都跟我學習這麼久了。有甚麼想法嗎？」

洪同學：「老師，非常多謝你。因為你開了我的眼界，讓我認識一個很不一樣的世界，也讓我知道很多黑暗面。」

龔同學：「我也非常多謝老師。讓我可以對外幣，理財及投資方面，有更深的認識。」

James：「你們搞錯了，我不是問你們這個。我是問你們，你們還想跟我學習嗎？」

洪同學：「當然想呀！我可以學到很多書本上沒有的知識。但你已教了這麼多，是否已經全部教完了呢？」

龔同學：「老師是想我們修讀碩士課程嗎？」

James：「其實我教你們的，即是在這本書中所說的，經濟學教科書上的漏洞，只是一小部分而已，充其量本書大概只有 5%，還有另外 95%，

你們都未學。」

洪同學：「太好了！老師，你還計畫再教我們甚麼呢？」

龔同學：「非常期待老師更多的分享。」

James：「我想教你們的，當然就是教科書的漏洞與世界的真相。但是，剛剛完成了本書，我也想休息一下，我想趁這段時間設計一副讓大家明白世界背後隱藏了的真相的桌上遊戲。當我完成這副桌遊，我會再教你們其他不為人知的經濟學及金融學真知識。」

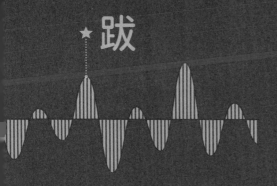

★跋

回首一看，居然發覺已經完成了接近 11 萬字的文稿。雖然還有很多非常有趣的題材，但礙於篇幅所限，唯有留待以後再和各位讀者分享。

今次本書成功出版，實在非常感激出版社所提供的各種協助。

在此非常多謝非凡出版的各位同事。多謝你們在編輯、製圖、美工、排版及出版方面的協助。使得本書能夠順利出版，在此向各位同事致以衷心的感激。

另外，我也要多謝眾多幫我寫推薦序的教授及朋友。

我還要多謝我的學生。我將他們經常提出的部分問題，重新編寫，再代入到書中我和兩位學生的對答之中，以饗讀者。我一直都非常喜歡和我的學生交流，因為通過和學生溝通，我可以明白到他們的想法，在寫作時能夠更加得心應手。而且和他們聊多了，我也知道他們的愛好，選擇內容時也更加可以迎合他們的興趣。還有就是可以將很多學生平時誤解的東西，全部集結成書，然後和讀者們分享。

然而，由於西方主流教科書受財團影響甚大，因此都是非常偏頗，還有很多很多東西可以揭露。而讀者們有了本書的基本知識，以後更能容易了解其他種種真相。其實，有很多筆者尚未揭露的，其荒誕程度遠比本書已揭露的，更為荒腔走板，荒誕離奇。

記得我在寫本書的序時，曾經提示讀者：真相往往比你看到的現實更離奇古怪！

你現在已經看完本書，相信已有更深體會。

回望寫作本書的初衷，由於筆者在學術界多年來的工作，經常發現書本的謬誤，所以一直希望將經濟學的真相揭露給市民大眾。因此，在我講學及教授學生時，也一直有和他們探討教科書的問題，但是很多學生反問：「我們還應不應該學經濟學呢？」

我的回答一直都是——當然應該學習。

但由於經濟學教科書由西方主導，而課本中卻有很多偏幫西方政府及財團的漏洞。所以，我們當然要學經濟學，但不能只學西方經濟學那一套，而應該在充分明白西方教科書的漏洞之後，自己去完善經濟學的理論，創立出一套真正能夠幫助全球人民共同發展的真正經濟學。這個對芸芸正在學習經濟學的學子尤其重要，因為他們就是以後社會的接班人，能否建立一套新的經濟學，以達致一個更公平更正義的新世界，就看我們的下一代經濟學者了。經濟及金融，仍國家政策的國之重器，不得不慎。而這個更突出了對現有經濟學撥亂反正，及發展一套真正為人民，而非為美西方財團謀福祉的真正經濟學的正當性。

我預想這個未來真正的經濟學，是有別於現在西方主流經濟學的。所有理論都要經得起實際證據的驗證，而所有政策建議都是要建基於證據，而不是只追求財團及西方政府的利益。更不是像目前的西方主流經濟學一樣，已經蛻變成宗教，只要求學生相信，不要想，不要問。

本書只是一個解密過程的開始，因為西方教科書還有很多錯處。盼望能在以後陸續和讀者們分享，讓大家更明白背後的真相。

　　希望本書的讀者，在閱讀過本書之後，也能夠養成批判性的思考。其實，世界上還有很多人尚被蒙在鼓裏，對很多經濟金融現象都只看到表面，而不能撥清迷霧，看出真相。

　　其實世界上大部分人，對很多顯而易見的怪現象，都未能察覺。你身邊又有幾多人，尚在睡夢之中呢？

> 而閱過本書，
> 現在你的第三眼已經被打開，
> 你能夠以冰冷且清澈如水晶般的視角，
> 恍如站在高山之巔般，
> 俯視沉睡的芸芸眾生……

張俊獅（James）博士現為香港恒生大學副教授暨經濟學工商管理（榮譽）學士課程的課程主任，亦在澳大利亞悉尼科技大學的澳中關係研究所擔任兼職副教授。多年來一直在香港及海外多所大學任教並進行經濟及金融相關的科研工作。

張博士在西澳大利亞大學取得經濟學博士學位，並曾在聯合國大學（The United Nations University）世界發展經濟學研究所作博士實習生。博士畢業後，他曾在西澳大利亞大學繼續擔任博士後研究員，負責建構大型的經濟分析模型。另外，他亦擁有西悉尼大學應用金融碩士學位、格里菲斯大學國際關係碩士學位和香港理工大學製造工程學士（榮譽）學位，並在許多不同的經濟及社會科學領域進行研究，其研究成果已發表在許多著名期刊上。他亦是 *Journal of the Asia Pacific Economy* 的副主編，國際能源轉型協會創會會員及財政，也是澳大利亞中國經濟學會執行委員會會員。

他在人工智能、機器學習、神經網絡分析和深度學習等最先進的分析技術方面都有涉獵。此外，在計量經濟學研究方面亦經驗豐富。他還在可計算一般均衡（Computable General Equilibrium）分析軟件（GEMPACK）和應用經濟模型（ORANI-G、RunGDYN 等）方面擁有廣博知識。他曾提供專業經濟模型培訓予澳大利亞聯邦政府財政部員工，培養香港及海內外多間大學的碩士和博士研究生，指導他們進行經濟及金融相關研究。他亦曾為澳洲政府、香港的企業及行業協會等提供諮詢服務、協助制訂政策建議，並為員工提供經濟學專業培訓，也經常參與各種顧問諮詢項目及電視採訪。

張博士的興趣極為廣泛，包括人工智能、風水、命理、玄學、神秘學、超自然研究、另類歷史、戰棋及桌上遊戲設計。他非常喜愛閱讀，能三天看一本書，經常探訪世界各地追尋不同知識。他亦是玄學大師梁湘潤的入室弟子，期望能將自己的知識貢獻社會，與更多人分享。

責任編輯	梁嘉俊
裝幀設計	Sands Design Workshop
排　版	陳美連
印　務	劉漢舉

出　版　非凡出版

香港北角英皇道 499 號北角工業大廈 1 樓 B

電話：(852) 2137 2338　傳真：(852) 2713 8202

電子郵件：info@chunghwabook.com.hk

網址：http://www.chunghwabook.com.hk

發　行　香港聯合書刊物流有限公司

香港新界荃灣德士古道 220-248 號

荃灣工業中心 16 樓

電話：(852) 2150 2100　傳真：(852) 2407 3062

電子郵件：info@suplogistics.com.hk

印　刷　美雅印刷製本有限公司

香港觀塘榮業街六號海濱工業大廈四樓 A 室

版　次　2024 年 7 月初版

©2024 非凡出版

規　格　16 開（220mm x 160mm）

I S B N　978-988-8862-37-5

張俊獅博士　著

貼地經濟學

當理論背離現狀時的避險課